空巢老人安全防范手册

王树民　彭双桥　著

群众出版社

·北　京·

图书在版编目（CIP）数据

空巢老人安全防范手册/王树民著．—北京：群众出版社，2013.7
ISBN 978-7-5014-5149-4

Ⅰ．①空…　Ⅱ．①王…　Ⅲ．①老年人—安全—知识—手册
Ⅳ．①X956-62

中国版本图书馆 CIP 数据核字（2013）第 144826 号

空巢老人安全防范手册
王树民　彭双桥　著

出版发行：群众出版社
地　　址：北京市西城区木樨地南里
邮政编码：100038
经　　销：新华书店
印　　刷：北京兴华昌盛印刷有限公司

版　　次：2013 年 7 月第 1 版
印　　次：2013 年 7 月第 1 次
印　　张：9.75
开　　本：787 毫米×1092 毫米　1/16
字　　数：134 千字

书　　号：ISBN 978-7-5014-5149-4
定　　价：25.00 元

网　　址：www.qzcbs.com
电子邮箱：qzcbs@163.com

营销中心电话：010-83903254
读者服务部电话（门市）：010-83903257
警官读者俱乐部电话（网购、邮购）：010-83903253
公安业务分社电话：010-83905672

目录
Contents

第一编　人身安全防范指南
——夕阳正红，余韵无穷

第二编 财产安全防范指南
——莫轻信，莫贪小便宜，天上不会掉馅儿饼

第三编　自我救助

——靠人不如靠己

第四编　遵纪守法　身心健康

——认清价值，愉悦人生

第一编　人身安全防范指南

——夕阳正红，余韵无穷

一、空巢老人消防安全案件与预防

二、空巢老人交通安全案件与预防

三、空巢老人被强奸案件与预防

四、空巢老人人身被伤害、被杀案件与预防

五、空巢老人自杀案件与预防

六、空巢老人意外事件与预防

一、空巢老人消防安全案件与预防

——烈焰无情，规范操作

据公安部消防局统计，在我国近几年发生火灾的案件中，空巢老人或独居老人火灾死亡比例占火灾死亡总人数的30%左右，消防安全已经成为空巢老人需要重点关注的问题。虽然消防安全关乎生命，但空巢老人在日常生活中对消防安全问题并没有引起足够的重视，其中由于电器、煤气的违规操作、生活用火不慎、不良生活习惯、室内装饰物等原因引起的消防案件层出不穷，加之空巢老人在消防设施使用、消防意识、求生技能等方面的普遍缺失，一旦发生火灾，就会造成严重的后果，追悔莫及。

《中华人民共和国刑法》（以下简称《刑法》）第一百一十四条、第一百一十五条第一款规定：放火、决水、爆炸以及投放毒害性、放射性、传染病病原体等物质或者以其他危险方法危害公共安全，尚未造成严重后果的，处三年以上十年以下有期徒刑；致人重伤、死亡或者使公私财产遭受重大损失的，处十年以上有期徒刑、无期徒刑或者死刑。《刑法》第一百一十五条第二款规定：过失犯前款罪的，处三年以上七年以下有期徒刑；情节较轻的，处三年以下有期徒刑或者拘役。其中过失引起火灾，具有下列情形之一的，应以《刑法》第一百一十五条第二款规定之“情节较轻”，处三年以下有期徒刑或者拘役：（1）导致死亡1人以上或者重伤3人以上；（2）造成直接财产损失30万元以上；（3）烧毁15户以上且直接财产损失25万元以上；（4）过火有林地面积为2公顷以上。

根据上述法律规定，空巢老人因过失引起火灾，不仅自己遭受了人身伤害、财产损失，同时也侵犯了他人权利、违犯了法律规定，要承担民事赔偿责任和刑事处罚，所以空巢老人杜绝火灾隐患、预防火灾的发生就是重中之重。我国的火灾统计将火灾原因分为放火、违章操作、用火不慎、电气、吸烟、玩火、自燃、雷击、原因不明和其他十大类，现实中通过广泛收集资料、深入调研和严谨分析，我们总结出空巢老人在日常生活中容易引起消防安全问题的几大原因，并在此基础上提出相应对策和建议。

（一）生活用火不慎引发消防安全案件

【警官举案】

案例一：某日晚8时，某市某小区一居民楼发生火灾。消防员赶到现场时，发现居民楼四周浓烟滚滚，部分窗户玻璃被震碎。附近居民介绍，火灾开始前有爆炸声响，一老人还在起火的房间内。经消防官员侦查发现，起火部位是厨房，现场有一股浓烈的煤气味，且火势猛烈。经过消防员奋力抢救，明火被扑灭。经调查，房屋的业主杨姓老人称是由于煤气灶点不着，老人用打火机点火，结果引发大火。

案例二：某日清晨7时，某省某市区一民房发生火灾。119指挥中心接到报警后迅速出警，经过一个小时的扑救，明火被扑灭，所幸老人早起外出锻炼没有造成人员伤亡。事后经过调查，起火原因是居民房内的老人比较信神，天天烧香，早上照常烧香后外出，香火没有熄灭，香头掉落到香烛和符纸上引发了火灾，火灾烧毁了一间房屋，还导致周围邻居家的房屋也部分受损。

案例三：某日晚8时左右，接到群众报警的某区消防队紧急出动了4辆消防车和十几名消防队员赶赴某小区参与救火。经过近一个小时的全力抢救，大火被扑灭。由于火灾发生时老太张某没有在房内，周围邻居也自发离开了出事地点，没有出现人员伤亡，只是烧毁了两间房屋，周围邻居的房屋也轻微受损。据现场消防队员介绍，起火原因初步判断为老太张某在烹煮东西时没有关闭煤气炉，锅里的水烧干后一直空烧，温度升高后引燃管道，引发了火灾。

【警官析案】

空巢老人生活用火不慎引发的火灾主要包括三个方面：一是做饭、炒菜或烧水时无人看管，因为空烧或者过热引发火灾；二是老人在使用液化石油气、煤气、天燃气时，由于管道、燃气灶质量不过关或者操作不当，造成泄漏引发火灾；三是在家长时间地烧香、烧纸、供长明灯等，在祭拜后也不注意熄灭，尤其是香头，由于面积小容易被忽略，但是香头的温度是700℃，稍有疏忽就可能引发火灾。

在上述案例中，杨姓老人在煤气灶不能正常使用的条件下用明火去点燃煤气灶是非常危险的，不能使用时应及时送去修理；老太张某不应在煤气灶使用状态下离开，案例一、三中的老人都属于违规操作；案例二中老人的行为属于封建迷信，应当予以劝诫。上述案例中引发的火灾都属于过失造成的。

【警官支招】

老人在用燃气灶进行烧水、做饭或其他作业时，应该严格按照操作规程使用，不得在无人监管的情况下使用液化石油气、煤气、天燃气。同时燃煤气管的使用寿命是3～5年，建议每18个月更换一次，老人在家里使用燃气灶时，要经常检查灶具及管道有无泄漏、软管有无老化，发现上述问题应立即联系物业进行修理。老人在家闻到有轻微可燃气异味时，首先要开窗开门通风，同时关闭阀门，降低可燃气的浓度，然后及时把情况报专业部门进行修理或者更换；如果闻到非常浓的可燃气异味，要迅速离开泄漏区，切忌开关电器、切忌打电话、切忌使用明火，来到室外或者没有可燃气异味的区域时立即打电话报警，等待消防部门处理。

不少老人信奉各种封建迷信活动，在家里烧香、点长明灯等，子女应劝说老人不要在房间内长时间烧香或者点长明灯，如果祭拜可以购买一些蓄电池类的电子香或者电子灯，这样可相对降低引发火灾的可能性。

（二）不良生活习惯引发的消防安全案件

【警官举案】

案例一：某日某小区居民楼发生火情，附近居民报警后，消防官兵赶到现场，经过一个多小时的扑救，火势被扑灭。火灾导致一名60多岁的老人死亡，事后经调查，火灾原因是现场遗留的烟蒂引起的。经邻居透露，老人黄某喜欢在睡前吸烟，而且经常把烟头扔到地上且不熄灭烟头。

案例二：某日下午5时许，某市一大院内老张家突然着火，附近居民立即报警，119指挥中心接到报警后立即出警，经过半小时奋战将火彻底扑灭，但是屋内居住的老人张某死亡。经调查，张某有酗酒的习惯，经常一个人喝酒，尤其喜欢自己在家烧烤、喝酒。起火原因可能是张某喝醉后碰倒了烧烤架而不自知，结果把衣物或者家具引燃而发生火灾。

案例三：某市凌晨2时许，某小区的徐老太家发生火灾，徐老太大声呼救，后邻居破门而入，发现屋内到处堆放着纸箱、塑料瓶等杂物，大部分地方已经开始燃烧，火势蔓延速度很快，等邻居救出徐老太时，她的丈夫已被浓烟熏死。事件发生后，经过消防部门的询问和调查，发现徐老太及其丈夫有乱放各种杂物的习惯，可能是由于烟头引燃杂物引发火灾。

【警官析案】

吸烟引发的老年人火灾死亡人数占老年人火灾死亡人数的30%，是老年人消防安全的首要问题。吸烟引发的火灾多发生在卧室或客厅，主要是由于老人乱丢烟头和火柴梗、乱丢烟灰引起的，引燃物质多是床上用品、室内装饰品、纺织品等。烟头面积小容易被人所忽略，但是威胁很大，烟头的表面温度300～450℃，中心温度是700～800℃，一支香烟的燃烧时间是4～15分钟，如果接触到棉、麻、丝绸、纸张等易燃物体（燃点约是200℃）极易引起火灾，包括被褥、衣服、纸屑、纤维等。

不少老人养成了酗酒，酒后吸烟或者卧床吸烟，乱放、乱堆纸箱、塑料瓶等易燃物品的习惯，有时烟未吸完人已经睡着了，有时只是小火情，但由于乱放杂物导致火势迅速蔓延等情况引发火灾，这些不良的生活习惯极易酿成悲剧。

【警官支招】

子女或者社区服务人员应引导老人形成良好的生活习惯，如吸烟后将烟头放置到由玻璃或者陶瓷等材料制作的烟灰缸内，往烟灰缸内倒入一部分水用来熄灭没有完全燃尽的烟头，不在床上吸烟，酒后不吸烟，不把烟头到处乱扔、乱放，不用明火照明。将老人身边的纤维制品换成难以燃烧的其他材料，如用防燃材料制成的被褥、衣服、毛毯等，用以隔绝老人因卧床吸烟引起火灾的隐患。

有些老年人喜欢酗酒，酒后误事导致发生火灾的消防案件很多，酗酒过量也会对人体的神经系统产生麻痹效果，容易对煤气、烟味等易燃品的气味分辨不清而导致不能在第一时间逃离火灾现场。

不要在屋内乱堆纸箱等易燃物品，不要存放、使用易燃易爆危险品，如汽油、油漆、空气清新剂、酒精等，上述物品如果不按其特性正确存放、使用，一旦有火源容易迅速蔓延引发不可收拾的局面而且容易阻挡逃生通道，增加逃生难度。

（三）电器使用不当引发的消防安全问题

【警官举案】

案例一：居住在某市某小区的空巢夫妇张某和黄某，每到冬季，都是用电热毯取暖。春节前的某日，由于天气很冷，夫妇两个过早打开了电热毯，睡觉前也忘记关闭电源，结果由于电热毯过热，导致电线短路起火，浓烟导致夫妇两人昏迷过去，等大火扑灭时，夫妇两人已经死亡。

案例二：居住在某市某小区六十多岁的老汉刘某，由于儿女都在外地工作，一直是独居，每日在家独自做饭。某日正做饭时，同小区的老人王某打电话邀请刘某去他家吃饭、打牌，刘某挂掉电话去王某家赴约，刚到王某家想起家里还在做饭，未关电源。匆匆往回赶，回来就看到家里正在冒烟，进门后发现是窗帘接触到了电磁炉引发大火，喊来邻居一起灭火，火灭后厨房已经被烧毁，客厅也已经熏黑。

案例三：某日某小区突然发生火灾，报警后消防员赶到现场发现3楼某房间正在向外冒浓烟。经过消防员一个多小时的紧张扑救，火被扑灭。火灾烧毁了一间房屋，没有人员伤亡。事后经调查，火灾原因是住户方老太因冬天家里没有暖气，天气潮湿衣物不干，方老太喜欢用电吹风吹干衣物。当日方老太在吹衣物后外出，没有关闭电吹风，电吹风由于温度过高导致电线短路引发火灾。

【警官析案】

老人一般健忘和反应较慢，缺乏足够的电器使用知识，加之现在电器更新换代加快，老人接受能力较慢，不能正确使用电器，往往因操作不当引起事故发生。并且电器火灾具有隐蔽性强、易触电、传播速度快等特点，灾情一旦发生，蔓延迅速，扑救难度较大，很容易造成人员伤亡和重大财产损失。

【警官支招】

空巢老人在选择电器时应选择知名度高的厂家生产的有质量保障的产品，安装要请专业的人员进行操作，电器如有损坏应及时更换或者维修，千万不能“带病”使用，列举几种家庭常用电器的火灾预防：

(1) 电热毯。电热毯在使用时要完全铺开，放置在床单和褥子之间，不要放置在被褥下使用，防止局部温度过高；严禁在卷曲或者折叠的情况下使用，最好在硬板床上使用，不宜在床垫、软床、沙发床上使用，不要与热水袋等器具一起使用；严禁用尖、刺物体划破电热毯；严禁在高温状态下长时间使用电热毯，一般不宜超过两个小时，如不需要取暖应关闭开关；老人、病人使用电热毯时要防止汗水或小便失禁弄湿电热毯，当潮湿时应晾干后再使用；使用完毕后，可折叠收藏，但不宜在电热毯上放置重物；清洗时应将电热毯外套拆下清洗，勿将电热线一起清洗；有心脏病、肺结核、支气管炎、肺气肿或其他敏感体质的人，有高血糖、高血脂、高血压、动脉硬化、冠心病、脑血栓的老年人切勿使用电热毯。

（2）电磁炉。电磁炉应放置在空气流通的平面上，与四周物品或墙壁的间隔要在10厘米以上。使用注意事项：远离蒸汽和湿气；不能使用玻璃、铝或铜质的容器加热水或食物，可以用铁磁性容器；加热面板上不要放置其他小物件，如勺子、小刀等；使用时不要戴手表进行操作；切忌空烧；切忌用手触摸电磁炉的加热面板；使用完毕后，应先关闭电源；清洗电磁炉时，一定要待其完全冷却后再进行清洗，切忌用水、加强型洗涤剂、金属刷等清洗电磁炉，可用中性清洗剂；如电磁炉表面已开裂或者有裂纹，切勿使用，应立即修理；在确定长时期不使用电磁炉时，请不要连通电源，应拔下插头。

（3）电吹风。电吹风必须使用标准电源插座，要与其他电器分开使用；切忌在电吹风开启的状态下离开；当电吹风运转时出现断续的情况，应立即停止使用并送修；当电源线或插头损坏或变热应立即停止使用，切忌在易燃品，如挥发剂、喷雾剂等附近使用；切忌在浴室内等高度潮湿的地方使用电吹风，尤其是在有水的浴缸、花洒等附近使用；切忌将气流对着眼睛或者其他敏感部位吹；当有头发或异物卷入风口时，应先断电再处理，使用完毕时应拔掉电源。

（4）电冰箱。电冰箱内部不能放挥发性或可燃性物品，电冰箱不能安置在潮湿处或与水接触的地方，不能放在阳光直射处或者发热的设备附近，应单独使用一个插座，不能在电源线上放置重物，保证电冰箱周围有足够的空间。

(5) 洗衣机。洗衣机一次洗的衣服不宜过多，一般一次不要超过5件，冬天衣物以3件为宜，防止因衣服过多或者硬物卡住电机，导致发热着火；不宜将刚用汽油等易燃液体擦洗过的衣物放入洗衣机，待易燃液体完全挥发后再用洗衣机洗涤。

(6) 电熨斗。电熨斗的通电时间不宜过长，用完后应该立即断电，刚用完的电熨斗一定要放置在空旷的地方降温，不可放在易燃物品旁边以免引起火灾。

(7) 照明灯具。不要将白炽灯等照明灯具放在被褥、书籍、枕头、衣服等易燃物品上，尽量使用节能灯管，既降低能耗，也能降低照明灯具本身的温度。

对于电器引发的火灾，切忌用水灭火，以免触电。在确定电源被切断的情况下才可以用水灭火，如果不能确定电源是否被切断，只能用干粉或者二氧化碳等灭火器。特殊家电如电脑或者电视机着火，其荧光屏和显像管可能引起爆炸，应用湿棉被等盖住显示器，以阻止烟火蔓延和可能因爆炸产生的玻璃碎片伤人，切忌用灭火器和水灭火，防止爆炸。灭火时，应从侧面或后面接近燃烧的电器。

(四) 电气线路引起的消防安全案件

【警官举案】

案例一：某省某市一小区，建成时间已经超过了20年，大部分业主已经进行了多次装修或者线路改造，私拉电线、线路老化的现象比较严重。某日，该小区一住户报警称小区内发生了火灾，消防员赶赴现场后经过半个多小时的扑救将大火扑灭。但是已经烧毁了一间房屋，幸好扑救及时，居住在该房间的六十多岁的老汉胡某安然无恙。经消防员调查是由于线路老化引发的火灾。

案例二：某市一小区，早上9时许，有居民报警称“家里厨房着火了，你们快点来”。救援人员赶到现场时，阵阵浓烟飘出，经过半个多小时的扑救火被扑灭。户主是一对60多岁的夫妻，事后经当事人回忆，他们在客厅看电视，闻到了一股烧焦的味道，经过一番查找发现厨房已经烧了起来，当时看见厨房的插座不停冒火花，啪啪地着火，引燃了附近的纸箱子，于是他们拨打了119报警电话。据回忆，该插座是超市赠品，没有商标和其他任何标识，属于劣质产品。

案例三：某市一小区某日发生火灾，经过消防员一个多小时的全力扑救，火被扑灭。火灾没有造成人员伤亡，70多岁的住户老夫妻魏某和王某起火后离开房间，在邻居的帮助下打电话报警，周围住户因自发疏散也没有造成人身伤害。该建筑为六层，火灾烧毁了2间房屋，6间房屋受损，经济损失15万多元。经过消防官兵的调查，起火原因是电路过载，引燃导线的绝缘层和周围的可燃物。

【警官析案】

电气火灾的诱因一般有两种：一种是电气线路的故障，包括电气线路老化、短路、漏电、超负荷、接触不良等。空巢老人居住的条件普遍不是太好，大都是老房子，存在布线时涉及用电量较小、电线老化、绝缘层破损等问题；另一种是电气设施质量不过关，有些老人贪图小便宜，购买一些质量不过关的电气产品，埋下了火灾隐患。

【警官支招】

干燥的房间可采用一般的绝缘导线，潮湿的房间一定要使用有保护层的绝缘导线，对经常移动地点的电器要使用软线。预防电气火灾：（1）要按照要求安装线路，请专业电工铺设，天花板内的电线要套金属管或难燃的硬塑料管保护；(2) 要安全使用电气线路，禁止乱拉、乱接、乱放用电装置，防止用电负荷过大引起短路，插座、开关不要安装在木板或其他易燃材料上；(3) 用安全的电气开关，尽量选用空气开关，有断电保护的作用，如是闸刀开关，选择电阻大熔点低的银铜电线的合金，切忌用铜、铁线代替保险丝；(4) 要经常检查电气线路，发现电路老化或者绝缘层破损要及时更换，电线的使用年限一般是 10 ~20 年。

插座应选购国家正规厂家生产的合格产品，不要选择串联在一起的插座，不要把过多的电器都插在一个插座上，防止插座负荷过大引起火灾。

(五) 其他问题引发的消防安全案件

【警官举案】

案例一：某省，清明节，一位 70 多岁的老人上坟，祭祀点燃黄纸、冥币时，恰遇大风，将带有火星的纸灰吹散到周围的草丛中，由于当时枯草杂多、风势也较大，大火迅速燃烧、蔓延，将附近几公顷树林烧着，酿成大祸，老人自己也因为扑火而受重伤，住院治疗一个月后才出院，造成重大人身和财产损失，同时也触犯了法律。

案例二：某市家属院，一房间冒出滚滚浓烟，邻居报警后，消防员经过半个多小时扑灭大火。经调查，起火的房间是一对老夫妻刘某和赵某的卧室，起火原因是 70 多岁的老汉刘某因瘫痪在床，身上长了一些褥疮，为了减轻老伴的痛苦，老太赵某买了电烤灯来治疗褥疮。事发前，赵某给刘某打开电烤灯后出门去买菜了，从出去到回来不到一个小时，老人就出事了。火灾造成老汉刘某死亡，家中卧室被烧毁，上下楼层的同位置房间受损。

【警官析案】

清明节上坟祭奠先人是我国的风俗，上坟焚烧黄纸、冥币时一定要注意周围的环境和风向，避免过失引发火灾。案例一就是因为焚烧黄纸、冥币时没有清理现场的易燃物，也没有注意当时风势较大。电烤灯、电热毯等加热的小电器不宜长时间使用，更不应该在没有人管理时使用，案例二中的火灾就是因为较长时间使用电烤灯造成的，加之老汉刘某瘫痪在床，即使发现火灾隐患也没有能力采取灭火措施。

【警官支招】

老人虽然主观上有时作了一定的防备，但是由于身体条件的限制，手脚不利索，思维反应迟钝，容易导致意外发生。

上坟时，子女应劝导老人用鲜花等安全方式代替烧纸等容易引起火灾的行为，如果要烧纸，应先清除附近杂草，做好隔离措施或者在专门的焚烧炉内焚烧。电器使用一定要谨慎，出门时，要检查电器是否关闭，如必须开启，可将电器调到最低挡，设置定时，并在手机上设置闹铃提醒，或用纸笔记录下来带在身上防止遗忘。

小结

1. 空巢老人火灾原因分析

（1）主观方面：①接触火、电等易发生火灾的媒介频繁，容易引发火灾；②由于老人体力下降，精神反应迟钝，一旦发生火灾不容易逃离；③老人普遍缺乏消防知识、消防安全意识淡薄，也不重视日常的预防；④空巢老人由于独居或行动不便，自控能力较差，一些生活上的陋习和不良习惯无法改正，也缺乏相应的照顾和监督；⑤老人自我封闭、与世隔绝造成发现晚、报警晚，火灾发现时一般已火势较大，人员神志不清或已中毒，很难逃离现场。

（2）客观方面：①现代社会发展较快，电器已走进千家万户，由于种类繁多、操作复杂，也没有专门针对老年人开发的电器，以及电气线路使用、安装等专业性较强的原因，老人在电器、电气火灾方面成为主要的受害者；②社会上对老年人防火的重视不够，没有专门针对老人的防火衣物、被褥等，也缺乏相应的预防、扑灭火灾的器材，客观条件不足。

2. 空巢老人火灾现场逃生方法

火灾致人伤亡的方式主要有两种：一种是火焰的直接烧伤；另一种是浓烟、毒气的伤害。在火灾发生现场只要能有效避免这两种伤害，就可以保护自身安全，减轻火灾对自身的伤害。

①牢记逃生出路。老人要对自己的家庭结构有切实的了解，最好做到在闭眼的情况下也能找准逃生出路的位置。有条件的老人可以进行火灾逃生预演，熟悉逃生方法和逃生通道，这样火灾发生时才能迅速逃离现场。

②扑灭小火。当火情不大或火势蔓延比较慢时，可以利用家中的消防设施或者呼喊邻居帮忙灭火，千万不要惊慌失措或者直接逃跑，以免小火酿成大火，电器火灾扑救时一定要先断开电源，切忌用水。

③保持镇定，迅速撤离。面对较大的浓烟和烈火，可以找湿毛巾或者用水浇湿其他物品捂住口鼻，判断出危险地点和安全地点后，弯腰迅速逃离现场。烟气一般飘于上部，贴近地面撤离能够有效避免烟气吸入、滤去毒气。穿过烟火封锁区时，应戴防毒面具、阻燃服等护具，如果没有可向身上浇水或用湿毛巾、湿棉被等将头、身裹好，再逃离。

④生命第一，切忌贪财。在火灾现场，生命重于一切，必须争分夺秒，切忌因贪恋财物错过最佳逃生时机，置自己于危险境地。

⑤走楼梯，不要坐电梯。发生火灾时，一定要从安全通道或者楼梯逃离现场，切忌坐电梯。电梯的供电系统在火灾发生时随时可能断电或者因过热的作用电梯变形而使人困在电梯内，同时由于电梯井连通各楼层，有毒的烟雾可能直接威胁被困人员的生命，因此千万不能乘坐电梯逃生。

⑥烟火围困，避险固守要选好。当逃离火灾现场的通道被切断且短时间无人救援时，可寻找或者创造临时避难场所。首先应关闭临火的门窗、打开背火的门窗，用湿毛巾、湿布堵塞门缝或者门窗，然后不停用水浇淋房间，防止烟火渗入，并迅速报警或者大声呼救等待救援。被烟火围困的老人，应尽量待在阳台或窗口易于被人发现或者避免烟火近身的地方，如果没有电话，在大声呼救的同时，白天可以向窗外晃动颜色鲜艳的衣物，或者向楼下抛掷小东西以引起注意；夜晚可用手电筒不停地向外晃动或者敲击东西，等待救援。

⑦火焰烧身，就地打滚莫惊慌。火灾现场当自己的衣物着火时，应立即脱掉衣物或就地翻滚压灭火苗，千万不要乱跑乱跳或者用手拍打。因为奔跑或拍打时会形成风势，加速氧气的补充，加大火势。

⑧安装必要的消防设施。应在条件许可的情况下安装烟感器、火灾报警或者应急呼救系统等简易消防设施，确保发生紧急情况时，老人能在第一时间得到救助；再购买一个小型灭火器，能够有效扑灭小火。

⑨牢记火灾报警电话119，全国通用，消防队救火不收费。

二、空巢老人交通安全案件与预防

——不争一秒，不抢一步

有关研究表明，意外伤亡已经成为老年人第五大死亡原因，仅次于呼吸系统疾病、血液循环系统疾病、肿瘤和消化系统疾病，其中交通事故又在老年人意外伤亡中列首位。正所谓“衣、食、住、行”，每个人的社会生活中均离不开出行的需求。而随着我国社会机动化的到来，机动车在给我们带来便利的同时，也增加了交通安全隐患。老年人，尤其是空巢老人，相比其他人群，交通出行需求虽有所降低，但交通出行安全隐患却非常高。据统计，在交通事故中伤死率排前7位的年龄段依次是65岁以上、61~65岁、1~6岁、56~60岁、51~55岁、7~9岁和46~50岁年龄段。65岁以上人员的交通事故伤死率平均达35.13%。一旦发生了交通事故，会给老年人及其家人带来身体上、精神上和经济上的沉重负担。同时，交通事故又不同于其他疾病或意外伤害，可以通过自我的管控和合理的行为规范来避免，如何有效地预防和避免空巢老人发生交通事故，值得总结深思并进行广泛的普及宣传。

（一）空巢老人交通安全案件及原因分析

1. 进入老龄化社会，老年人人口比例迅猛增加

2011年，第六次全国人口普查结果显示，我国大陆60岁及以上人口达到了1.78亿，其中65岁及以上老年人达到了1.19亿；65岁及以上人口占总人口的比例为8.87%。根据联合国标准，65岁及以上人口占总人口7%以上，便进入老龄社会。随着我国经济社会的持续发展，改革开放前期“人口红利”将逐渐消失，我国进入老龄化社会已经在所难免，也就为老年人交通事故的多发提供了客观基础。

2. 机动车迅猛增长，交通事故未得到有效控制

截至2011年底，全国机动车保有量为2.25亿辆，全国机动车驾驶人达2.36亿人。我国共有23个城市的机动车保有量超过100万辆，其中，北京、重庆、成都、上海、广州、杭州、天津7个城市的机动车保有量超过200万辆。与机动车及其驾驶人快速增加相比，交通参与者交通素质提升明显滞后。目前，我国每年处理的道路交通违法行为都保持在2亿起左右。交通事故隐患仍然较多，国人对交通安全问题重视不够，缺乏相关的交通安全知识和自我保护意识。

3. 老年人独特的生理、心理特点增加了交通事故隐患

随着年龄的增长，老年人的身体机能逐渐衰退，视觉和听觉功能下降，身体的协调能力和反应能力降低。在参与交通活动中，无论是步行、骑车还是驾车，均不如其他年龄段群体观察到位、反应灵活。加之受疾病影响，日常交通出行的安全隐患往往非常大。同时，老年人的心理依赖性更强，尤其是空巢老人，在无人陪伴的情况下，存在很大的孤独感，容易精神失落、感情苦闷、注意力不集中，在人车穿行的道路上难免陷入“自我的世界”，极易发生危险。

4. 交通安全意识不强

当前，很多老年人出行对交通安全重视不够，对交通法律法规不够了解。认为自己这么多年了都没问题，有足够的“自信”保证自己的出行安全，交通安全教育是对小孩子的事，自己没有必要。同时对不断发展变化的道路交通安全知识缺少了解渠道，固守成规，很多新的交通安全理念接触不到，也不愿了解。尤其是空巢老人，自身出行很少有人陪伴，交通安全知识无人提及，交通安全意识缺少人员提醒。伴随生活上、身体上、心理上的变化，在出行时容易观察不到位、注意力不集中、避闪不及，发生危险。

（二）空巢老人交通安全案件的预防

1. 老年人出行特点及规律

老年人有自身的出行规律和特点：一是每日出行逐渐由与谋生有关而转向与满足个人或家庭的基本生活需要和精神、心理需求有关，活动范围大多在居住地附近。同时与仍在工作的老人相比，离退休的老人出行机会更多，更不规律，如自身的锻炼、购物、接送孩子上下学等。二是出行时间集中在白天非高峰时段。清晨6:00~7:00，上午9:00~11:00时及下午2:00~5:30是出行相对较多的三个时段。三是出行距离和出行频率不断减小。随着年龄增长，老年人出行不会像年轻人那样频繁，活动范围也不断减小，平均出行量趋于降低，其目的多是探亲访友、家庭购物或是接送孩子上下学，这些活动区域距离一般不会太长，多数可以采用步行的方式到达。

2. 交通事故案件预防

涉及老年人的交通事故中，主要可分为四类：一是老年人步行时发生的交通事故；二是老年人骑车时发生的交通事故；三是老年人驾驶机动车时发生的交通事故；四是老年人乘车时发生的意外事故。

（1）老年人步行时发生的交通事故。

【警官举案】

案例一：某日上午，郑某驾驶一辆大型货车途经一村镇，由于夜间长时间驾驶，十分疲劳，但车速仍然较快。在行至公路与某一乡村道路交会的地方，突然出现了一个过马路的老人，由于制动不及时将其撞倒。老人被送医院抢救无效后死亡。经调查，被撞者为 79 岁老人陈某。陈某当时正在过马路，存在观察不仔细、瞭望不够、急于过路的问题。而且大型货车司机郑某疲劳驾驶，车速较快，未合理控制车速。经交警事故处理，认定大型货车司机郑某负全责，但老人的生命已无法挽回。

案例二：某日晚，李某驾驶机动车行至某路口，发现一个人影在路口中间，已经停止不动，遂继续行驶。但进入路口行至人影附近时，其突然移动，车辆避闪不及，发生了事故。被撞者经送医院抢救无效后死亡。经调查，被撞者为正在过马路的 84 岁老人黄某，监控录像显示，黄某过马路时，速度较慢，步履蹒跚，走还是不走犹豫不决，对来往车辆也是观察不到位。李某驾驶车辆见路口有人，未减速行驶，而是存在侥幸心理快速通过路口，认为对方虽然在道路中心，但不会移动，致使事故发生，机动车驾驶人李某负全责。

案例三：某日晚，江某驾驶机动车行驶至人行横道时，观察路口为绿灯，遂加速行驶以通过路口。但由于绿化带的遮挡，看不到其右侧的视野。此时一人突然从绿化带一侧走出，欲横过路口，江某躲闪不及，发生事故。被撞者迅速被送往医院，抢救无效后死亡。经调查，正在横过马路的被撞者为 62 岁的薛某，其在过路口时行人方向为红灯，存在闯红灯的违法行为。同时由于夜色和绿化带的视野遮挡，未观察到机动车道是否安全，从而发生事故。经交警事故认定，薛某过路时存在闯红灯的违法行为，违反交通规则，负主要责任。江某驶过路口时虽为绿灯，但也应该负有仔细观察道路是否安全的义务，负次要责任。

【警官析案】

经统计，老年人以步行方式发生的交通事故致死率是最高的。老年人步行，在横过道路时发生的交通事故最多，其次是横过路口。主要原因为老年人交通守法观念淡薄，缺乏自我保护意识，在禁止横过路口的路段随意穿行，同时相比于其他年龄段人群，行动相对迟缓，视力、听力有所下降，应变能力降低，注意力不集中，为事故的发生提供了主、客观条件。

老年人在横过道路时，由于没有交通信号指示，均是靠视力来判断道路是否安全。当被大型车辆或者道路设施遮挡视线时，往往无法准确地判断是否安全，而只能凭借经验和感觉横穿道路。在夜间更是如此，视力更加降低，驾驶员本身在夜间驾驶也存在视野盲点，如遇有突发情况，反应不及时，易发生事故。

老年人在横过路口时，遵守交通信号灯的意识较差，上海的一项针对老年人出行的调查显示，约有40%的受访者承认自己有随意乱穿马路的习惯，30%的人承认当路口没有车辆时，自己会闯红灯穿过路口。这还是在城市规模较大的上海，如果在其他大中小城市，比例可能会更高。同时，“中国式”过马路不仅存在于老年人身上，在遵守交通规则意识不高的当前，行人不按信号指示灯通过路口的现象普遍存在，盲目从众心理严重。

【警官支招】

牢记一停、二看、三通过。作为老年人，在步行过程中，无法掌控其他驾驶员的驾驶行为，但可以通过自身的做法，最大限度地降低交通危险、消除隐患。日常生活中，每个人都希望以最短的时间到达目的地，但我国也有“欲速则不达”的古语。通过马路时，要牢记宁等三分，不抢一秒。切忌匆忙行走，过路观察不细致，不按信号灯通行。要做到“一停、二看、三通过”，尤其在路口较大，道路开阔，车速较快，夜间视线不好的情况下。一停即在通过路段或路口时，首先要停下脚步，不匆忙通行，站的位置要适当，不要站在路内，不要挡住车辆过往路线，要站在易于移动及闪避的位置。二看即左右观看来往车辆及路口交通情况，观察近处及远处的车辆运行状态，是否在停止或减速过程中，是否存在视野盲区和有观察不到的情况，做到第一时间的判断和分析。三通过即在确认安全的情况下快速通过。如果存在视野盲区，在接近时要减速、停止，注意观察，确认安全后快速通过。

老年人，尤其是空巢老人往往不注重自身穿着，多选择颜色灰暗的衣裤穿着。从交通安全角度来看，老年人出行应多穿颜色鲜艳、易于辨别的衣服或帽子，如黄色、青色、蓝色衣物等。同时，最好有夜明或发光饰品，如拉链、扣子、贴条等。这样无论在何种情况下，都有利于驾驶员观察，能够准确地获得目标信息，降低发生危险的概率。同时，颜色明亮的衣物不仅能够增加交通安全感，而且还能够对老年人产生轻松、愉悦的心理暗示。

（2）老年人骑车时发生的交通事故。

【警官举案】

案例一：某日上午，66岁的孙某骑自行车未下车横穿机动车道，并且对后方的车辆观察不足，骑车过街时未抬手示意。导致被刘某驾驶的机动车撞倒，孙某经抢救无效后死亡。调查过程中，刘某称其驾车时根本未注意骑车的孙某，因为“潜意识里就没想到快速路上会出现自行车或行人”。经交警认定，孙某骑自行车过街，应该下车后推车过街。其不但未下车，在过街时对道路状况亦观察不足，所穿越道路为禁止非机动车穿越的主干道，因而发生了事故。同时孙某作为机动车一方，相对于非机动车处于强势地位，有义务减速慢行，保证“弱势”一方的安全，经认定两人负同等责任。

案例二： 某日上午，傅某驾驶的重型半挂牵引车，途经某公路与一村路交会处时，认为没有问题，未减速行驶。此时，72 岁的杨某正好骑人力三轮车进入路口，由于路口杂草的遮挡，双方均未发现对方，进而发生事故。杨某经送医院抢救无效后死亡。经调查，交警认定杨某在骑三轮车驶入公路过程中，未下车观察，存在明知路口存在视野盲点，而不加以注意的问题。而傅某驾驶车辆车速较快，过路口时观察不足，未减速行驶，将杨某撞倒，负全责。

案例三： 某日下午，64 岁的陈某骑电动车在道路上行驶，由于机动车道和非机动车道未进行物体隔离，非机动车道上自行车相对速度较慢，所以其选择在机动车道内行驶。在行驶过程中为躲避一个突然过街的行人，与后方快速驶来的大型客车相撞，陈某当场死亡。经调查，陈某在骑电动车过程中，应该选择在非机动车道内行驶，在并线过程中未注意后方车辆，发生惨剧。大型客车司机在驾驶过程中，存在车速过快、观察不足、操作不当的因素。交警认定大型客车司机负全责，但陈某的生命已无法挽回。

【警官析案】

老年人骑车可以理解为骑自行车、三轮车和电动车。老年人选择骑车，主要是因为公共交通不发达和乘坐不便，或者出于方便和锻炼身体的考虑。其中，骑自行车和三轮车车速较慢，骑电动车车速较快。我国混合交通现象严重，非机动车在出行方式中占有较大比例，大部分城市机动车与非机动车、快速交通与慢行交通不分离，给骑车老人带来了危险因素。老年人在骑自行车和三轮车时，其控制程度比步行要差，同时与机动车交叉接触较多，同时要利用身体控制所骑车辆，其视野范围往往顾及不了后方，即使顾及了后方，前方也易发生危险。从心理上讲，老年人多有“固执”和“我行我素”心理，不在乎、不重视交通法规，虽然非机动车为交通参与的弱势一方，但由于其机动、灵活，易出现越线抢行、逆向行驶、违章带人（接送孩子上下学）等行为。在路口处，往往不下车等待信号，而是带有侥幸心理，为较快到达目的地，提前越过停止线和闯红灯，十分危险。

【警官支招】

不争一秒、不抢一步。目前由于对非机动车的教育和处罚措施缺失，管控属于半真空地带，导致其存在较大的安全隐患。老年人为保证自身的交通安全，一定要遵守交通法规，行驶中确保各行其道。在我国，非机动车和机动车混行现象严重，相比较之下，非机动车必然处于弱势地位。骑车人要有“退一步海阔天空”的胸怀。不争一秒、不抢一步，不与他人“争气”、“出气”，顺向靠道路右侧骑行，以自身骑车安全为第一目标。到路口要下车，按信号通行，同时观察路口情况，切勿心存侥幸心理，不看道路情况直接通过；过路段时，要下车观察，切忌在车上回头张望，防止正面或侧面来车。

一旦发生了交通事故，在清醒的情况下要记住对方车辆的特征和车牌号，同时配合救援人员的现场应急。

（3）老年人驾驶机动车时发生的交通事故。

【警官举案】

案例一：某日上午，65岁的王某驾驶一辆机动车，行驶至某一路段时，突然想起自己还有东西落在家里，急需去取，在自认为安全的情况下，在主干路上违章掉头。此时，李某驾驶的摩托车正在其左后方，属于视野死角，由于反应不及，发生碰撞，造成李某受伤，两车损坏。经交警认定，王某违章掉头致使发生事故，负全部责任。

案例二：某日下午，63岁的张某驾驶机动车接孙子及其同学放学回家途中，由于学校周边接送孩子车辆较多，出现了拥堵。在天色较为昏暗的情况下，张某视力有些模糊，但为及时赶回家中，盲目违章越线驶入对向车道。

此时一辆急速行驶的小货车正从对面而来，发生了严重的正面碰撞。张某孙子当场死亡，同车搭载的另外两个孩子受重伤。经交警认定，张某驾车时，违章越线，与对向快速驶来的小型货车迎面相撞，负全部责任。

案例三：某日下午，68 岁的李某驾车外出，行至某路段时突然感觉身体不适，眼前一片空白，随后失去了意识。车辆随即失去控制，撞上道路一侧的绿化带，造成自己轻伤，车辆损坏。

【警官析案】

《机动车驾驶证申领和使用规定》（2012 年修订）将申请小型汽车、残疾人专用小型自挡载客汽车、小型自动挡汽车、轻便摩托车准驾车型的上限年龄放宽到 70 岁。这为老年人提供了更多的出行选择。但随着老龄化社会的快速到来，老年人的驾车安全问题越来越突出。在可预见的 10～15 年以后，目前数量庞大的中年驾驶人将逐渐步入老年驾驶人行列，其驾车安全问题将更加突出。

经研究，驾驶人通过视觉获得 90% 以上的驾车信息，视觉机能的好坏直接影响行车安全，如对信号灯、交通标志标线和外界环境情况的判断，均需要视觉来完成。研究表明，相对速度增加，运动视力随之下降，速度越快视力下降得越多；年龄越大，运动视力下降得越明显。同时，老年人对声音的辨别能力也随着年龄的增大而削弱。因此对于老年人来讲，即使是驾驶熟练的人，在驾驶机动车时也存在一定的不稳定因素。在特定情况下，更容易发生交通事故。但从另一方面来看，老年人又有自身的驾驶优势，如驾车时速度相对较慢，不易为他人行为所左右，不易产生超速的行为，驾驶经验丰富等。

【警官支招】

遵章行驶，减速慢行。我国道路交通事故的人员责任分布以机动车驾驶人责任最多，其他依次为非机动车驾驶人、行人、乘客及其他人员责任。造成道路交通事故的主要因素为：人、车、道路和自然环境。其中人的因素，特别是机动车驾驶人因素最为重要。老年机动车驾驶人在驾驶过程中，一定要遵守交通规则，多注意观察道路环境，对前后左右的交通状况做到时时观察，心中有数。同时要牢记减速慢行，遇有身体不适的情况尽量避免驾车出门。

老年人驾驶车辆，很多情况下是老司机在熟悉的路面行驶。一般看来，越熟悉的道路，越年老的驾驶员，似乎发生事故的概率也会相对较小，但是，实际情况往往不全如此，越熟悉的路线，有时候反而会掉以轻心，越年老的驾驶员由于经验的丰富，注意力反而会不集中。并且随着老年人生理和心理的变化，其对外界的感知和判断能力会不如从前。因此老年人在驾驶时要时刻谨记操作规范、减速慢行。道路上的交通事故有“十死九快”之说，即一旦发生紧急情况，如行人或非机动车乱穿马路、其他机动车突然变向等，由于车速较快，驾驶员在慌忙紧张中往往来不及采取最合理有效的措施，从而发生事故，如果车速较慢，则能很好反应和控制。因此适当地控制行车速度是最安全的交通秘诀。在道路条件允许的情况下，可以将自己的车辆行驶在第二车道上，给自己多留点遇突发事件时的避让空间。

同时老年人驾车还要注意以下事项：一是尽量避开高峰时段行车。二是规划好行车路线。三是避免上高速路行驶。四是尽量走慢车道。五是加强自我防护意识。六是切勿疲劳驾驶。

（4）老年人乘车时发生的意外事故。

【警官举案】

案例一：某日上午，72岁的李某坐公交车去女儿家。公交车到站后，由于车上人较多，李某行动不便，没有及时到达下车门口。司机在等待乘客下车后，以为没有继续下车的乘客了，便关门起车。这时，刚到门口的李某见此情形，便强行下车。但车辆已经启动，李某跳下后，站立不稳摔倒了。经检查为小腿骨折，需要入院治疗。

案例二：某日上午，孙某的儿子驾车带其去医院复查，孙某已经71岁，腿脚不好，需要借助拐杖行走，为方便起见，直接将拐杖拿进了轿车的驾驶室。在行至某一路口处，为避让违章车辆，孙某的儿子突然刹车，导致驾驶室内的拐杖飞起，重重地撞击到了孙某头部，经医院检查孙某为轻微脑震荡。

案例三：某日下午，65岁的陈某乘坐长途汽车回家，车上乘客较多，车辆行至某一转弯处突然失控，驶出路外，造成侧翻。陈某位于车厢中部，靠近车窗。在车辆翻转时，陈某感觉不妙，迅速双手抱头，身体弯曲，用手臂和腿部的外侧将自己的头和前胸护住。车辆翻转后，陈某判明情况，发现车窗损坏，自己手臂被划伤，但仍能移动，自己便努力从车窗爬出，同时拨打110救援电话，配合救援人员救助其他人员。

【警官析案】

老年人乘坐交通工具时，往往无法控制交通事故的发生。但在发生交通事故时，乘车的老人要尽量做出保护自己的动作，最大程度减少对自己的伤害。同时，在乘车时也很容易会发生意外的伤害事件，最为明显的就是没等车辆停稳，就上下公交车，造成摔倒或受伤。而且在等车、上车、乘车、下车过程中，由于老年人的身体原因，骨骼和肌肉都较为老化，受伤的概率较高。车辆起动和刹车过程中，如果老人没有扶好，容易摔倒而受伤。因此在交通出行时，人们要从细节上关爱、关心老年人，老年人自己也需注重安全行为规范，把危险系数降到最低。

【警官支招】

为保障乘车时的安全，老年人要注意以下几点：

①有安全带应系好安全带，经验证明安全带能大幅度降低碰撞时的损伤程度。

②如若站在汽车中，一定要以一手握住固定物品，特别在将要停车前不能大意，更不能过早松手，因为停车的惯性可能使老人跌倒致伤。

③坐在汽车的椅子上，两手握前排靠背横杆时，手要保持推的动作，而不是用力向自己方向拉，两腿前伸，自然“顶住”前面，这样在紧急刹车时可减少前冲。

④上车后不但将自己的物品放好，还应环顾四周，对有可能在震动或刹车时掉下来的物品要注意摆放，以免击伤乘客。同时对带上车的有可疑易燃、爆炸物或有散发异常气味的物品，应协助乘务员及时处理，消除隐患。

⑤如感觉到交通事故已不可避免，应迅速用手抱头，贴胸，靠近固定物处，避免在碰撞或翻滚中伤及头部和前胸。当事故发生后，自己清醒时，应迅速辨别当时的处境，是否在水内、山下、路边等，自己能否移动，受伤程度如何，如有可能要从窗或门等出口迅速逃出。对于掉入水中，甚至争取到几秒钟也十分可贵。事故发生后，车的正常结构可能会有改变，门窗打不开，要根据当时情况，灵活应用。遇到事故情况复杂，尽可能迅速脱离车厢，避得远一些，以免燃烧、爆炸等续发性意外发生。

三、空巢老人被强奸案件与预防

——关好门窗，好梦长圆

（一）房屋存在安全隐患

【警官举案】

案例一：2010年7月25日，山东沂水县许家湖镇甲村68岁的老太太在亲属的陪同下到沂水县公安局报警，称当日凌晨遭遇入室抢劫，被抢走现金

2000余元。沂水县公安局经过审查后，于当日立案侦查。办案民警在调查中发现，相邻乙村的李某同年6月24日被一男子入室强奸；7月25日，另一相邻村庄的付某被人入室强暴。

通过细致工作，侦查人员终于提取到犯罪嫌疑人施暴时的证据，急送临沂市公安局进行DNA检验。犯罪嫌疑人房某最终被沂南县公安局锁定并予以抓获。

沂南县公安局随后将房某移交至沂水县公安局。经审讯，房某交代出同案嫌疑人房某某（系房某之女），警方也迅速将其抓获。经过深入侦查，发现两名犯罪嫌疑人共作案33起，强奸老年人十余人，被强奸的老人中，最大的99岁，最小的76岁。

据办案人员介绍，房某自幼好吃懒做，偷鸡摸狗，不务正业，三十多岁才娶上老婆。婚后，房某恶习不改，吃喝嫖赌无恶不作，并经常打骂老婆孩子。其妻在女儿3岁时离家出走。从此，房某更是破罐子破摔，活不干、地不种，带着女儿四处游荡，靠偷窃为生。据房某供述，近年来，由于自己上了年纪，且身材比较矮小，偷窃青壮年怕被逮着挨揍，故而选择独居老年人为作案目标。

2010年5月的一天晚上，房某带着女儿来到与沂南搭界的沂水县许家湖镇甲村，选择了86岁的独居老人李老太作为侵害目标。当晚，由房某某在外望风，房某拔开老人家的院门和屋门，被惊醒的老人刚要叫喊，即遭到其殴打和语言威胁。房某翻遍老人身上、床上及屋子的各个角落，没能找到一分钱。气急败坏的房某将老人强暴，然后大摇大摆地离去。老人遭此凌辱悲愤交加，但为了脸面没有报案。

——参见龙虎网2012年5月8日

案例二：2009年末的一个晚上，栖霞区的一个街道巡逻保安打电话报警称发现一个形迹可疑的男子。民警接警后迅速赶到现场，将该男子带回派出所进行讯问，一问才发现，该男子居然对一名年近八旬的独居老太实施强奸，并抢走该张姓老太500块钱，而做此龌龊事的男子自己也已经60岁了。

该老汉姓陈，家在栖霞区，没有上过学，已经有60岁了。早在2009年7月的一个晚上，陈老汉晚饭后骑车到独居的张老太住处，发现张老太家的门是一扇用白铁皮包的木门，门锁是普通的暗锁，就撬门进到张老太的卧房。张老太见有人进房便问是谁，陈老汉不答，就直接将张老太压在床上想强行跟张老太发生性关系，但没有成功。在放弃的时候发现张老太的枕头下有一小沓钱，张老太虽想制止但还是被他抢走了500块钱。第二天晚上，陈老汉因为头一天没能搞成功，便又想去找张老太发生性关系。又重复了跟前一天一样的过程，但这次陈老汉没有再抢到钱。

同样的事情又发生在2009年的9月中旬和10月上旬，陈老汉四次在晚上对独居的张老太进行性侵犯。第五次的时候，也就是案发当晚，陈老汉晚饭后无事可做，就又想去找张老太。他先是贴在张老太家后面的防盗门看了一下，想知道张老太有没有睡觉。发现没有动静，就从房子后门绕到前门去了，在前门准备敲门看有没有人在家的时候，被巡逻队的保安发现，后被送到派出所。

——参见《南京晨报》2010年3月6日

案例三：2012年4月9日，河北深泽县公安局刑警二中队经缜密侦查，周密部署，成功破获一起强奸案，将犯罪嫌疑人丁某（男，36岁，深泽人）抓获归案。

2011年12月16日晚，深泽县周家庄村一老年妇女孙某在家中被一蒙面男子强奸。接警后，刑警二中队迅速组织民警开展工作，通过调查访问，得知嫌疑人系当地口音，遂在案发地及周边村以砖窑、拔丝厂打工人员为重点开展摸排工作，经过三个多月的细致排查，办案民警初步认定此案系犯罪嫌疑人丁某所为。

2012年4月9日9时许，办案民警在周家庄村村南拔丝厂将犯罪嫌疑人丁某抓获。经讯问，犯罪嫌疑人丁某对2011年12月16日晚酒后窜至本村孙某家中将其强奸的犯罪事实供认不讳。

经查，案发当晚丁某喝完酒回家途中，路过孙某门前，见孙某家没有亮灯，以为孙某家没有人，就翻墙进去，撬开窗户钻进屋内，准备偷点东西。在翻找东西的时候发现西边屋内床上睡着一个老太太，东西没有翻找到，孙某邪火暗生，将那老太太强奸了。因害怕老太太认出他来，作案时，丁某用布蒙住了自己的面孔。

——参见长城网 2012 年 4 月 10 日

【警官析案】

上述案件中，犯罪嫌疑人都是很轻松地就进入空巢老人的家中，对空巢老人实施侵害。不管是空巢老人的院墙、院门，还是窗户、门锁，都没有有效地阻挡犯罪分子的行为。

大多数空巢老人居住在城中村或者偏远的农村地区，没有什么经济收入，房屋也往往是时间较久的老房子，年久失修，存在各种安全隐患。城市小区的空巢老人住房大多没有小区保安，没有监控，防盗门锁容易被撬开，窗户容易攀爬。农村空巢老人的住房大多院墙破落，房门松动，窗户不牢，门锁陈旧。存在的这些问题，使得空巢老人的住房根本不能起到明显的安全防范作用，为违法犯罪者提供了便利条件。

存在这些问题的原因一方面是空巢老人一般都没有经济收入，没有对房屋进行安全加固。另一方面是居委会或村委会对空巢老人的安全没有引起足够重视，错误地认为空巢老人没有被抢劫、强奸的可能性。

【警官支招】

空巢老人一般都是没有子女或子女常年不在身边，乏人照料的一类人员。对空巢老人房屋的安全问题无人问津，空巢老人自己又无能为力。面对这样的问题，既需要空巢老人所在社区或村庄的努力，也需要空巢老人家人的积极配合。

对于有子女或近亲属的空巢老人，子女和近亲属应定期看望老人，对空巢老人住房的安全隐患能够及时发现，并及时找人进行修缮，加固门窗，保持锁具的正常使用。对于没有子女或近亲属的空巢老人，当地居委会或村委会应该定期对空巢老人进行入户访问，检查空巢老人房屋的门窗、锁具是否完好。通过两方的努力，排除房屋存在的安全隐患，筑牢空巢老人的第一道安全防线，把犯罪分子挡在老人的家门之外。

（二）空巢老人自身安全防范意识薄弱

【警官举案】

案例一：某房地产中介的业务员刘某利用手中的钥匙进入租户家，将年近六旬的女租户强奸，之后竟还大胆地在老太家睡了一觉。目前，刘某因涉嫌强奸罪被检察机关公诉至法院。

30 岁的刘某只有小学文化。2008 年 12 月，刘某来到某房地产经纪公司担任业务员，为客户提供中介租赁服务。一些业主为了省事，把钥匙交到该中介手里，由中介全权代理出租，因此刘某有时手里能拿到出租房的钥匙。

2009 年 1 月 30 日下午，刘某用手中的钥匙开门进入一套房屋，发现张老太在一间房内做家务活。因为在租房时接触过刘某，张老太一家和刘某也算比较熟悉，张老太对刘某毫无戒心，一直和刘某聊天。见张老太一人有机可乘，刘某突然心生歹意，反锁屋门后把张老太摁在床上将其强奸。胆小的张老太被吓坏了，在此过程中一直没敢喊叫。

检察机关认为，刘某使用暴力手段奸淫妇女，应当以强奸罪追究其刑事责任。张老太一家表示，决定放弃索赔请求，只求司法机关严惩刘某。

——参见《京华时报》2009 年 6 月 8 日

案例二：2008 年 10 月 21 日凌晨，北京无业青年车某饮酒后，闲逛至北京市儿童医院南侧路边的公园时，看到做护工的多名中年女子正躺在躺椅上休息。车某遂上前摇醒了 46 岁的薛某，谎称他是巡逻民警，要检查其证件。薛某因没有证件而言语含糊，他便称将薛某带到派出所处理。当两人穿过一片树林时，车某见四周无人，便将跟随在身后的薛某强行用绳子捆上强奸，随后逃脱。事后，发现自己被骗的薛某用力挣开绳子，飞奔到路边求救。

接到报警后，民警通过调取现场指纹，发现车某曾在 2002 年因诈骗罪被判刑。此后，民警经过调查，确认了车某的具体身份，并随后在某网吧将其抓获。

民警经过核对车某的 DNA 发现，他此前还曾在公园及老人家中，以冒充执法人员的手法，分别将一名 75 岁老妪和一名 67 岁老妪强奸。在接受警方审讯后车某承认，2008 年初，他在海淀附近碰到了 75 岁的王老太，于是冒充消防员以检查防火隐患为由，来到了王老太家中。在闲聊一会儿后，由于王老太一直与自己不停唠叨，他脑海中突然间浮现出母亲的画面。“母亲在我童年时就改嫁，对我很不好，我一直对她怀有憎恨。”此时，情绪失控的他为了报复母亲，对王老太实施了强奸。

——参见《京华时报》2008 年 12 月 30 日

案例三：河北晋州市检察院办案人员介绍，李老太独居在晋州某村一处房子内，房子没有院墙。李老太的儿子也住在附近。2011 年 9 月 2 日 18 时许，一名年轻男子突然走进李老太家，称无路可走，能否在此留宿一宿。因为当天刚下过雨，该男子又是外地人，李老太就好心让其留宿一晚。

9 月 3 日 23 时许，已经睡着的李老太忽然觉得头发被人动了一下。她拉开灯发现，前一天借宿的小伙子出现在床边。李老太问其是怎么进来的，小伙称是爬窗进来的，要再住一晚上。还没等李老太醒过神来，小伙又走近李老太，问她有没有钱。李老太回答没有钱后，突然被小伙掐住脖子。接着，李老太觉得自己晕了过去。清醒过来后，李老太发现自己的内裤被脱下来扔在一边，嘴里还有血。于是，她赶紧穿好衣服，去了儿子家。随后，李老太的家属报警，她被送往医院。几天后，27 岁的犯罪嫌疑人纪某在当地一家砖窑被警方抓获归案。

——参见《燕赵都市报》2011 年 9 月 22 日

【警官析案】

老年人由于知识结构、生活习惯、与社会脱节等原因，长期缺乏居家安全的知识，对现在社会上普遍存在的犯罪分子惯用的犯罪手段毫无防备心理，对涉及自身安全的事情往往疏忽大意，给犯罪分子以可乘之机。老年人记忆力差，在家中容易忘记关好门窗，家中的钥匙可能会交给生人。对谎称自己是消防员或者其他工作人员的犯罪分子没有辨识能力，对装可怜的犯罪分子容易动恻隐之心，轻易打开房门。

家中的钥匙交给房屋中介、轻易相信上门的陌生人、留宿陌生人，这些都在现实生活中成为威胁空巢老人人身安全的直接因素。如何提高空巢老人的安全防范意识，增强空巢老人的安全防范知识和技巧，成为保护空巢老人的关键问题。

【警官支招】

为了更好地保护好空巢老人的人身安全，使他们免受侵害，亟须提高空巢老人自身的安全防范意识，增强空巢老人的安全防范知识和技巧。居委会、村委会和社区民警应该尽量多地向空巢老人发放安全防范知识宣传单，或者直接去空巢老人家中宣传安全防范知识，让空巢老人了解社会上比较常见的犯罪手段以及如何识破犯罪分子的阴谋，进行自我保护。

对涉及空巢老人自身安全的物件，如家中的钥匙、钱物等，应该妥善保管，不能轻易交给不可信任的人。对宣称自己是消防员或者其他工作人员的，不要让其进入家门，而是要首先让其出示有效证件，并电话通知居委会或村委会核实情况。对装可怜的陌生人，应该首先联系居委会或村委会，由他们安排相关事宜，不可单独留宿陌生人。

在家中被侵害后，空巢老人要及时联系家人，在第一时间报警，保护好现场，保留犯罪证据，并尽量多地向公安机关提供犯罪分子的体貌特征等线索，帮助公安机关尽快破案。家人应该及时送老人就医，进行健康检查，并根据受侵害情况进行治疗，同时，对老人进行心理疏导。

（三）单独外出或者走夜路

【警官举案】

案例一：2011年10月14日凌晨，海南澄迈红岗农场一六的阿婆被一28岁青年殴打强奸。接到报警后，澄迈公安局福山分局以及辖区红岗派出所立即组织警力赶到现场，可犯罪嫌疑人早已逃跑。经过周密侦查，警方迅速锁定目标，并抓获正在睡梦中的犯罪嫌疑人。

据警方介绍，目击者王先生10月14日凌晨3时许骑着摩托车去橡胶地割胶，经过红岗农场一队三片区的一条小路时，突然听到从路边的树林中传来急促的救命声。王先生循声赶过去，他看见一个男的光着屁股，跑进小松树林里面。再仔细察看，发现呼救的是一名60多岁的阿婆。只见求助的阿婆裤子也没穿，战战兢兢，神情惶恐。看到男子跑远了，惊魂未定的阿婆这才告诉王先生，她今年63岁，刚才遭到一不明身份的男子殴打强奸。王先生立即拨打110报警电话。被殴打强奸的符兰（化名）阿婆回忆起当晚发生的事，仍心有余悸。她说，10月14日凌晨2时55分，她像平常一样，拿着手电筒骑自行车去橡胶林捡胶泥。刚一出门，就发现一辆没开灯的摩托车跟在自己后面。阿婆问骑摩托车的干吗不开灯，骑摩托车的男子说同一个队的，要从这里过去。符阿婆也没多想，骑着自行车径直驶向橡胶林，骑摩托车的男子则一直尾随在后面。“当我骑到一个小路上坡的路段时，没想到那男子突然从路边冲了出来，二话不说，从后面把我从自行车上拉了下来。他拿棍子不断地打我，我就一直叫救命。他边打边摸我，还脱我的裤子。”符阿婆说，当时自己不知如何是好，对方下手很重，拿棍子将她打晕，根本无力反抗。迷糊中，符阿婆意识到男子强奸了她。符阿婆说，歹徒完事后又把她推到旁边的一个坑里面，她也不敢叫，周边漆黑一片，没有人，她一叫男子就捂她嘴巴。就这样，在小路旁的树林里，歹徒对符阿婆进行了第二次性侵害。直到符阿婆听到有摩托车经过，才大声呼救。“我喊救命，他就松开了，然后光着屁股慌忙逃走了。”符阿婆说。案发第二天，在家人的陪伴下，符阿婆去医院检查了身体。幸好外伤不是太重，但阿婆受到了很大的心理创伤。

——参见《海南特区报》2011 年 10 月 19 日

案例二：李老太平时喜欢运动，每天都会早起去附近山上做保健操，一直保持健康的习惯，整个人每天精神焕发，越活越年轻。可是，天有不测风云。一天，李老太像往常一样去附近山上做操，却遭到了一名陌生男子的抢劫、强奸。

原来本地无业青年王某那天闲来无事在山上游荡，见李老太一人在山上，遂生歹念，对李老太实施抢劫。李老太由于晨练，身上并无钱物。王某便对李老太实施了强奸。警方已经将王某抓获，并将以抢劫、强奸起诉王某。可是，李老太却受到巨大心理伤害，不敢再去晨练，脸上也没有了以前的笑容。

案例三：2010 年 8 月，某小区独自居住的孙老太在朋友家打完麻将回家，在路上遭遇一名醉酒男子的强奸。

原来，当天夜晚，犯罪嫌疑人刘某在外面跟朋友喝完酒走路回家。在僻静处，看到孙老太独自行走。据刘某交代，当时从后面看孙老太，打扮时髦，身材较好，周围漆黑一片，没有行人，加上酒精的刺激，做出了令自己后悔终生的事。孙老太人老心不老，平时喜欢穿比较靓丽的衣服，心态也很开朗。

不想自己都60多了，却遭遇这种不幸的事。

【警官析案】

近年来，抢劫、强奸案件多发。犯罪嫌疑人往往选择单独走夜路的女性下手。尤其是在人烟稀少、路灯昏暗的偏僻小路，单身行走的女性更容易遭遇抢劫、强奸。

空巢老人大多独自居住，尤其是外出时，往往是独自一人出门。而空巢老人年龄又较大，属于弱势群体，在遭遇侵害时，几乎没有反抗力量。所以，单独外出的空巢老人更容易被强奸。空巢老人又缺乏足够的安全知识，对行走夜路或偏僻小路，感觉无所谓，认识不到危险性。而且，空巢老人大多认为自己年龄较大，不会像年轻女性那样，成为犯罪分子的侵害目标。

【警官支招】

空巢老人在平时的生活中，应该注意防范被侵害的危险。尤其是空巢老人应该尽量避免夜晚外出，如果确实需要晚上外出，应该找人陪同。如果无人陪同，应该随身携带手机，遇到危险情况及时拨打电话求救。无论晚上还是白天，外出时都要选择人多热闹的街道，尽量避免人烟稀少的偏僻道路。平时生活中，应该穿着比较朴素的衣服，不要穿太靓丽的衣服，也不要穿戴贵重的项链、手镯等饰品。在外出前，应该提前通知要去找的人，自己已经出发，大约多久能到。以便对方能够估计老人到达的时间，没有及时到达的话，可以及时联系或去路上接一下，减少遭遇侵害的可能性。

【警官说法】

我国《刑法》第二百三十六条规定：以暴力、胁迫或者其他手段强奸妇女的，处三年以上十年以下有期徒刑。

奸淫不满十四周岁的幼女的，以强奸论，从重处罚。

强奸妇女、奸淫幼女，有下列情形之一的，处十年以上有期徒刑、无期徒刑或者死刑：

（一）强奸妇女、奸淫幼女情节恶劣的；

（二）强奸妇女、奸淫幼女多人的；

（三）在公共场所当众强奸妇女的；

（四）二人以上轮奸的；

（五）致使被害人重伤、死亡或者造成其他严重后果的。

在我国，入室抢劫罪、强奸罪都属于重罪。空巢老人在遭遇入室抢劫、强奸或在户外遭遇抢劫、强奸时，应该注意保护自己，与犯罪分子斗智斗勇，尽量不要激起犯罪分子杀人的意念，并尽量多地记下犯罪分子的体貌特征、口音等。在犯罪分子逃离之后，应该及时报案，保留相关证据，保护好现场，积极为公安机关提供犯罪分子的体貌特征、口音等有助于破案的线索。同时，应该及时做好空巢老人的心理安抚工作，平复老人过度惊吓的情绪，并开导老人，防止老人一时想不开，出现更严重的后果。事后，要及时将老人送医，检查身体的伤害程度，并及时进行治疗。

四、空巢老人人身被伤害、被杀案件与预防

——防微杜渐，从点滴做起

（一）经济原因引发的被伤害、被杀

【警官举案】

案例一：2007 年 2 月 26 日下午 13 时许，成都青龙场综合农贸市场发生

一出悲剧：一位50多岁的大爷在买菜时被小偷偷走了钱包。他发现后勒令小偷归还，嚣张小偷竟恶言相向，两人随后发生打斗，大爷竟被小偷活活打死。

当天下午1时许，这位大爷像往常一样推着自行车来到菜市场，在卖卤牛肉的廖师傅摊前买牛肉。正在此时，一个小偷将镊子伸进大爷左边的裤包，将钱包夹走。“大爷当时就发觉了，转身过去一把把小偷的镊子抓过来，并喊‘把钱还来’。”廖师傅回忆说。哪知小偷掉头就走，并且恶狠狠地说：“你敢追出来，我就弄死你。”大爷一边喊“抓贼娃子”，一边追上前去。在菜市场门口，小偷掏出一把匕首对着大爷比画。摆水果摊的唐大爷告诉记者，当时大爷依旧紧紧拉住小偷的衣服。小偷当即一脚狠狠地把大爷踢倒在地，转身溜走了。唐大爷赶紧把地上的大爷扶到小板凳上休息。不到两分钟，被偷的大爷一下子跪倒在地。等医生赶来抢救时，大爷已经死亡。据周围群众称，这位大爷很面熟，但不知道住在哪儿。记者在采访时了解到，这位大爷在与小偷搏斗的几分钟时间里没有人上前帮助他。市场内的商家们都表示，该市场建成两年多来，小偷十分猖獗，他们都不敢得罪。记者随后找到市场管理办公室一位责任人，他说市场内一直都有保卫人员巡逻，昨日事发当时恰巧大家都去吃饭了。目前警方已对此事展开进一步调查。

——参见《华西都市报》2007年2月27日

案例二：2005年8月1日，新中国成立以来从未发生过命案的深圳南山区西丽街道办麻勘社区，原东江纵队老战士张某某在家被劫杀。独居老干部遇害，恐慌顿时包围了平静的社区。南山警方在6天时间内迅速破案，查出6名“瘾君子”疑犯为筹毒资，锁定劫杀社区里的6名“空巢”老人。被抓获的3女3男中，一名“毒女”曾是遇害者张某某的女友，曾承诺买房的张某某另有新欢后抛弃“毒女”。无钱买毒的她便要教训张某某；另一“毒女”屡次戒毒不成功，遂做内应参与谋划劫杀社区独居老人，其中包括她自己的亲外婆。

8月2日晚上20时许，深圳南山区西丽街道办麻勘社区居民曾先生向南山警方报警，称其岳父张某某被人杀死在家中。接警后，南山警方民警迅速到场调查、勘验。经查，张某某是被人殴打捆绑窒息死亡，老人的存折和银行卡被抢走，之后被人取走约1万余元。

经警方侦查，一个叫张某凤的本地女青年成为侦查的重点目标。据警方调查，张某凤今年32岁，未婚，3年前染上毒瘾，和一伙吸毒人员混在一起，7月底才从强制戒毒所出来。

另一条重要线索也浮出水面。在张某凤一伙中，有一名叫梁某娜的女子曾是张某某老人的女友。梁某娜也曾吸毒，与张某某在西丽九祥岭结识。张某某许诺给梁某娜买房子，梁某娜成为张某某的女友。相处近4个月后，张某某又结交一名年轻女子做女友，梁某娜和张某某分手，但是梁某娜没有拿到张某某许诺的房子。

6名男女因毒品成为“毒友”。抢劫杀死张某某前曾多次进入麻勘社区踩点，提供线索的就是本地吸毒女青年张某凤。

——参见《南方都市报》2005年8月22日

案例三：2007年11月30日凌晨，一伙不明身份的人闯进山东即墨刘家庄葛老汉的家中，抢走14只羊。葛老汉两次想要挣脱劫匪救羊，都被打晕过去。目前，警方正在调查此案。

“14只羊1万多块钱，就这么被抢走了。”葛老汉的妻子王大妈指着空空的羊圈哭着告诉记者，11月30日凌晨1时许，她和老伴在睡梦中被踹门声惊醒。王大妈正催促老伴出去瞧瞧，两名20多岁的男青年握着手电筒和木棍冲进屋里，夫妇俩还没反应过来，一名男青年径直走到床边，一把扯断电话线。男青年用棍子打在王大妈胳膊上，葛大爷上前护老伴也挨了打。很快，夫妇俩听到屋外有人踹羊圈的铁门。

葛大爷大喊着跳下炕，抱住其中一名男青年的腰往墙上撞，两名男青年随即举起木棍砸向葛大爷的背部，没几下，葛大爷就晕死过去。一名青年走出屋外帮忙拖羊，王大妈哭着求监视他们的那名男青年救救老伴，但男青年不为所动。大概过了10多分钟，葛大爷清醒过来，他打开窗户，准备逃出去求救。这时，男青年一把将探出一半身子的葛大爷拉回屋内，抄起木棍将葛大爷再次打晕。凌晨2时许，这帮劫匪开车离开，王大妈赶紧找车将老伴送进了刘家庄医院。

经医生抢救，葛大爷苏醒过来，下颌处缝合后，基本无碍。清晨，夫妇俩回到家中，清点羊圈发现，被抢走的14只羊都是大个的，最肥的一只200多斤，总共损失超过1万元。当天，葛大爷夫妇向当地派出所报警。

——参见《青岛新闻网》2007年12月3日

【警官析案】

空巢老人因为经济原因被伤害、被杀案件的发生，大多是犯罪嫌疑人觊觎空巢老人的财物，采用偷窃、抢劫等方式，非法夺得空巢老人的财物。由于空巢老人本身没有经济收入，所以对自己的有限财物非常重视和珍惜。在遭遇盗窃、抢劫等犯罪行为时，空巢老人往往会极力保护财物免受侵害，从而与犯罪嫌疑人发生肢体冲突，遭受被伤害，甚至被杀害的厄运。

犯罪分子之所以选择空巢老人实施盗窃、抢劫行为，一是因为有些空巢老人的财物具有较大价值；二是因为空巢老人独自居住，身边没有子女或亲友，在实施盗窃、抢劫过程中，不会遭遇有威胁的反抗。综合各种因素，针对空巢老人的盗窃、抢劫等犯罪行为越来越猖獗。

【警官支招】

对于财物，空巢老人平时应该注意保管。现金、存折、信用卡等应该放在隐蔽的地方，外出需要携带现金、存折、信用卡时应贴身携带，并尽量找人陪同。应该尽量减少价值较大的金银首饰的佩戴。家中比较值钱的东西应该放在外人看不到的屋里，做到有财不外露。对于圈养的牛、羊等牲畜，应该加固牛羊圈，最好能在家中养狗防护牛、羊被盗。同时注意自身的生活作风，不能因为经济条件较好，花钱就大大咧咧，甚至吃喝嫖赌。应该尽量多做有益自身健康的事，多参加老年娱乐活动，颐养晚年。

（二）邻里纠纷引发的被伤害、被杀

【警官举案】

案例一： 河北省保定地区高碑店市委宣传部2011年9月13日透露，该市公安局刑警大队民警经缜密侦查，成功破获一起故意杀人案，犯罪嫌疑人孙某（男，55岁，高碑店市人）已被刑事拘留。

据了解，9月1日13时许，高碑店市公安局110指挥中心接群众报案，称该市北城办事处村民王某（男，80岁）被人打伤头部（后经抢救无效死亡）。接报后，刑警大队、北城派出所民警紧急赶往案发现场开展案件侦破工作。经初步勘查，死者王某系他人用钝器击打头部导致颅脑损伤死亡。民警通过走访现场周围群众，掌握村民孙某有重大作案嫌疑。孙某已不知去向，为尽快侦破此案，办案民警采取跟踪调查、蹲坑守候、技术分析等措施，9月7日将犯罪嫌疑人孙某抓获归案。

经审讯查明，犯罪嫌疑人孙某因琐事曾和被害人王某发生过纠纷，孙某一直怀恨在心，伺机报复。9月1日下午，二人在路上相遇，因言语过激发生争吵，孙某遂顺手抄起路边一根两米长木棍击打王某头部，致使王某昏厥，被送往医院抢救无效死亡。犯罪嫌疑人孙某对犯罪事实供认不讳。

——参见长城网2011年9月13日

案例二： 2007年7月2日，江西省吉安县人民法院对一起人身损害赔偿纠纷案作出一审判决，被告刘某赔偿原告陈某医疗费、后续治疗费、残疾赔偿金等损失3982.5元。

法院审理查明，原告陈某与被告刘某的岳母系上下楼邻居，原告陈某具原发性高血压5年病史。2006年4月5日晚上19时许，原告陈某、其妻郭某、女儿陈某某因被告刘某的岳母阳台漏水与之发生争吵。不久，被告刘某闻讯出来参与了争吵，威胁原告陈某说："我提刀砍死你！"当时原告陈某就气得浑身发抖，瘫倒在地，并于当晚20时30分被及时送至吉安县中医院救治，诊断为高血压性脑出血，共住院治疗32天，花去医疗费7266.43元。2006年11月22日，经法医鉴定，原告陈某的伤情为伤残七级，后续治疗费2200元，因争吵时情绪激动，导致脑出血有一定因果关系，并花去鉴定费300元。

法院认为，根据医学常识，脑出血常见原因是高血压。高血压病人在情绪激动时容易致血压骤然升高，从而导致脑出血。原告陈某有原发性高血压5年病史，发生争吵易造成情绪激动，致血压骤然升高。过激语言是导致脑出血的一个诱因，与脑出血存在一定的因果关系。

原告陈某在明知自身有原发性高血压5年病史，可能导致其他不良后果的情况下，仍然未能理性处理邻里纠纷，本属不该。原告陈某突发脑出血主要在于自身特殊体征所致，正常情况下，争吵并不必然引发脑出血，但被告刘某在争吵中使用"我提刀砍死你"等过激语言，一定程度上导致了原告陈某情绪激动，而与之情绪激动是高血压性脑出血的一个诱因，故被告刘某使用不当语言与原告陈某脑出血存在一定的因果关系，对由此所造成原告陈某的损失，被告刘某应承担相应的民事赔偿责任。

——参见中国法院网2007年7月3日

案例三：2011年2月17日，湖北荆州家住沙棉宿舍的王女士打来电话说，她59岁的母亲被邻居给打了，而且伤得还不轻。

被打的老人名叫李某菊，现在正躺在床上痛苦地呻吟，在老人家的地面上，还有斑斑点点的血迹。回忆起当时被打的情景，老人仍然心有余悸。据老人回忆，当时，邻居柴某突然冲进她家，作势要打人，还好被大女婿及时拦住。谁知，随后柴某18岁的儿子也冲了进来，对着老人就是一顿暴打。势单力薄的老人被打破了头，倒在了地上。

究竟有什么深仇大恨邻居要对老人拳脚相向呢？原来，李某菊带着孙子去逛超市时，和在超市工作的邻居刘女士发生了一点口角。争吵过后没多久，邻居李女士的老公柴某就冲到了老人家，也就发生了最初老人被打的那一幕。刘女士说，当时她在上班，老人跑来骂她，她是很生气，但是并没有叫老公去打老人。刘女士说，他们后来把老人送到卫生站包扎，并出了医药费，都是看在多年邻居的分上。而被打老人的女儿王女士说，柴某只是付了简单的包扎费用143元，250元的CT费都是他们自己垫付的。

随后，记者陪着王女士找到社区居委会来帮忙。银海社区居委会的李主任了解了大致情况后，分别找到两家当事人进行了调解。

——参见《荆州新闻网》2011年2月18日

【警官析案】

现代社会，由于人们经济压力和心理压力问题，在处理人际关系时更容易急躁，变得不理智。邻居之间的联系比较多，抬头不见低头见。但是，快速的生活节奏使得邻里之间的关系并没有那么熟识，更多的只是点头之交。这样，当因为楼上漏水、垃圾摆放、太过吵闹、养宠物等生活琐事发生矛盾的时候，邻居之间就容易大打出手。

作为空巢老人，因为年龄较大，生活阅历丰富，不太容易与人发生纠纷或冲突。但是，邻里之间难免会因为一点生活琐事发生小摩擦。又因为生活规律、行为方式与年轻人不同，邻里之间的关系会比较生疏。加上身边没有子女照料，在与邻居发生矛盾纠纷时，更容易成为受害者。

【警官支招】

处理邻里关系，应该以和为贵。俗话说，远亲不如近邻，近邻不如对门。在生活中，近邻应该互帮互助，关系和睦。这样，家中发生紧急情况时，邻居才能最及时地给予帮助。空巢老人身边没有子女，平常没有交流对象，不妨多与邻居交流联系，建立友好紧密的关系。平时，多去邻居家串门。家里有什么需要维修或者其他力所不能及的事情，可以请邻居帮忙，并适当地给予感谢。这样，既解决了生活中的小困难，又增进了邻里之间的感情。

当与邻居发生摩擦矛盾时，应该尽量采取协商解决的办法。对方如果情绪激动，可以对其进行安抚，尽量不要将矛盾激化。双方坐下来，通过积极沟通协商，和平解决矛盾纠纷。如果对方蛮不讲理，情绪特别激动，老人也应该注意保护自己。尽量不要打开房门，尽快通知居委会或村委会介入调解，并通知家人或亲友，由他们协商解决。

（三）空巢老人错误行为导致的被伤害、被杀

【警官举案】

案例一：云南曲靖65岁的汪某到了晚年还不安分守己、贪恋女色，被当地人戏称为“乡村西门庆”的他，在多次骚扰一个寡妇时，被这名忍无可忍的妇女活活打死。

2007年11月6日上午，会泽县公安局上村乡派出所民警接到群众的电话，称一个60多岁的老汉去另一村民秀某家闹事时被当场打死了。接警后，民警随即赶往现场处理。案发现场位于上村中的秀某汪某家门口，她家住在村子附近的山坡上。当民警赶到时，汪某的尸体呈仰卧状，已僵硬在山坡上。经尸检发现，汪某系胸部广泛性损伤血气胸死亡。民警调查发现，死者是众

人痛恨的“乡村西门庆”汪某，系秀某所杀。警察在对当地村干部和村民的走访调查中得知，很多人都对汪某恨之入骨。最先发现汪某尸体的村民说：“这个人的口碑很差，经常调戏妇女，简直就是一个乡村版的‘西门庆’。”

此案在曲靖市中级人民法院公开开庭审理。庭审当天，很多群众到庭旁听。据法庭审理查明，汪某经常在村中对妇女进行性骚扰，曾多次受到村委会干部的批评和教育。为与55岁的丧偶寡妇秀某发生性关系，汪某经常纠缠她，但均遭到强烈反抗。2007年11月6日清晨7时，早起的秀某在自家门前提水，汪某强行拖拉秀某到附近小山上，试图强暴对方。在与秀某的推拉中，秀某一怒之下从地上拾起一块砖头砸在汪某头上。汪某倒地后，秀某又拾起一块石头朝其胸部连砸数下，随后汪某挣扎着爬起来，走出十多米后倒在地上，秀某追上去又用锄头朝其胸部击打数下，将汪某打死。

曲靖中级人民法院审理认为，被告人秀某的行为已构成故意杀人罪，但鉴于受害人对本案的发生有重大过错，秀某犯罪情节较轻等，决定以故意杀人罪判处秀某有期徒刑5年。

——参见《青岛新闻网》2008年12月25日

案例二：花都女子张某与丈夫关系一直不好，2003年春节，张某经人介绍认识了67岁的鳏夫黄某，黄某许诺给张某1万元做生意。见黄某如此豪气，张某随即与黄某勾搭成奸打得火热，一直保持着两性关系。但黄某的“万元许诺”一直都没有兑现。

2003年1月16日晚，张某又到黄某家中行苟且之事，事后，张某突然提起黄某的承诺，要求黄某拿1万元给她。谁知黄某不但不肯给，还说张某是生过孩子的人，不值这个价钱。恼怒不已的张某一把将黄某推开，按倒在床上并用内衣勒死。张某不敢开灯，在黑暗中穿好衣服，用打火机照明走路，结果却将蚊帐点着引起火灾，张某仓皇逃离现场。2004年2月20日张某被公安人员抓获归案。

——参见《信息时报》2004年3月3日

案例三：2004年6月12日2时15分，刑警大队办案人员接到110指挥中心指令，双山镇黄丈子村一个村民报案，说他们村一个叫王某冬的100岁老人死在村南台子庄稼地里。

青龙满族自治县公安局法医介绍，老人的伤集中在头颈部，有32处，他右手的一个手指也断了。办案民警分析，这属于外力极大所致，死者手上、胳膊上还有搏斗伤。另外，在庄稼的叶子上、附近的石头上，均发现大量喷溅型血迹。警方认定，这是一起恶性杀人案件。

在外围走访时，一个村民偶然反映的一个情况引起了警方的注意。该村民在上集时走的大路，看到他们村有个叫李某的老爷子在那块地里出现过，具体干什么不清楚。

警方在李家的院子里发现刚刚洗过的衣服和鞋子，那双湿鞋子的花纹早已被警方技术人员烂熟于心，那正是中心现场三枚可疑足迹的足底花纹，那一溜消失在村边道路旁的脚印也同样是这种花纹，这会是那双出现在现场的鞋子吗?

就在侦查员向李某了解情况的时候，技术人员秘密对鞋子进行了取样。鉴定结果很快出来了，鞋子上那块发红的印记，原本就是血迹，并且是人的血迹。另外，据警方调查，由于年岁较大，李某的衣服平时都是儿媳妇洗，这一天，为什么他要匆匆忙忙地自己洗衣服呢?在经历了一番思想斗争之后，6月15日上午，李某在家里向警察主动交代了犯罪事实。

40多年前，王某冬是黄丈子村里的护秋员，负责照看生产队果园里成熟的果实，李某负责给生产队喂牲口。40年前的一天，李某的妻子下地干活的时候，在果园里捡了一个苹果，正好被看果园的王某冬瞧个正着，他说要掏200块钱，等晌午回去还要开大会批判。

李妻非常害怕，便开口求饶。李某说，他也没有想到，王某冬居然借这个机会霸占了他的妻子。李某不敢声张，因为妻子的确是捡了属于生产队的苹果，在那个年代，他害怕真的开批斗大会。

时间过得很快，转眼间，两个人都已成为高龄老人，但李某对妻子的屈辱一直耿耿于怀。6月13日案发当天，他在家门口又远远望见要去下地的王某冬，“看他过去了，我就拄着拐杖跟了上去。拿着拐杖朝他一打，有帽子垫着，没打实，估计也得有十下子。”李某不知道，自己其实打了30多下……

案件宣布告破，近半个世纪的漫长岁月没有淹没仇恨，李某在88岁这一年，用拐杖打死了已到百岁之年的王某冬。2004年10月21日，李某因故意杀人罪被一审判处死刑，缓期执行。

——摘自《法律与生活》半月刊2010年4月下半月期

【警官析案】

空巢老人无人陪伴，生活无趣，在追求自身生活乐趣的时候，容易犯错误。目前，大部分空巢老人都存在不同程度的性压抑。一项针对上海市1180位单身老人的问卷调查显示，92.2%的单身老人认为再婚是为了排除寂寞和性困惑，有87.5%的单身老人认为应该追求“性福时光”。然而，空巢老人在寻求“性福”的时候却遇到了家人的反对和社会的不理解。正常的渠道被外界封死，使得老人在释放性压抑的时候会铤而走险，走违法犯罪的道路。现在，关于老人嫖娼、诱奸幼女等案例频频见诸报端，向我们敲响了警钟。空巢老人通过非法途径满足性需求的时候，必然会使自身受到伤害，甚至招来杀身之祸。

由于知识结构、生活习惯、思维方式等的不同，有些空巢老人在与家人、朋友的相处中，会产生较多的不理解。又由于处理方式不恰当，使得矛盾激化升级，最终发生惨剧。正是由于空巢老人与家人或朋友矛盾积累或者空巢老人一意孤行，伤害家人、朋友，最终会导致家人、朋友对空巢老人采取极端手段。

【警官支招】

一些子女把老人追求正当的“性福”斥责为“不正经”、“老来骚”，认为老人丢了自己的脸面。其实，老年人若没有性生活，从生理上会导致性激素分泌减少，从而加速衰老过程，对心理方面的影响更大，现实生活中有老人因性压抑过度而导致性犯罪的案例。因此，应当鼓励离异或丧偶的老人再婚，同时老人也可培养一些有益身心的兴趣。可以多参加老年娱乐活动，多进行适当的体育锻炼，在这些活动中认识新的老年朋友。

老人有“问题”千万不要羞于启齿，要勇于去正规医院接受指导和诊治，这样可更好地享受属于自己的“性福”生活。更重要的一点是，子女应当关注老人的精神需求，主动帮空巢老人寻找甜蜜的另一半。

在老人自身方面，应该坚持守法遵纪、崇尚道德的原则。无论在什么情况下，都不应该触犯法律，违反道德。老人在没有找到合适的异性朋友的情况下，应该正确对待自己的需求，找到合理的排解方式，不要走违法犯罪的道路。

【警官说法】

中华人民共和国《治安管理处罚法》第二十六条规定，有下列行为之一的，处五日以上十日以下拘留，可以并处五百元以下罚款；情节较重的，处十日以上十五日以下拘留，可以并处一千元以下罚款：

（一）结伙斗殴的；

（二）追逐、拦截他人的；

（三）强拿硬要或者任意损毁、占用公私财物的；

（四）其他寻衅滋事行为。

第四十三条规定，殴打他人的，或者故意伤害他人身体的，处五日以上十日以下拘留，并处二百元以上五百元以下罚款；情节较轻的，处五日以下拘留或者五百元以下罚款。

有下列情形之一的，处十日以上十五日以下拘留，并处五百元以上一千元以下罚款：

（一）结伙殴打、伤害他人的；

（二）殴打、伤害残疾人、孕妇、不满十四周岁的人或者六十周岁以上的人的；

（三）多次殴打、伤害他人或者一次殴打、伤害多人的。

中华人民共和国《刑法》第二百三十四条规定，故意伤害他人身体的，处三年以下有期徒刑、拘役或者管制。

犯前款罪，致人重伤的，处三年以上十年以下有期徒刑；致人死亡或者以特别残忍手段致人重伤造成严重残疾的，处十年以上有期徒刑、无期徒刑或者死刑。

《刑法》第二百三十二条规定，故意杀人的，处死刑、无期徒刑或者十年以上有期徒刑；情节较轻的，处三年以上十年以下有期徒刑。

空巢老人在与人发生矛盾时，应该避免发生肢体冲突，尽量通过协商解决问题。如果不幸遭遇被辱骂、殴打，应该尽量保护自己，减少伤害。并在事后及时报警，请公安机关抓获犯罪嫌疑人，并依据法律给予犯罪分子应有的处罚。家中如果有老人被伤害、被杀，家人应该及时报警，请求法律的支援和保护。

五、空巢老人自杀案件与预防

——多说多动，受益无穷

（一）精神抑郁引发的自杀

【警官举案】

案例一：2007 年 2 月 26 日上午，重庆巫山县庙宇镇文昌村一座新坟前香火缭绕。周家四兄弟到母亲坟上跪拜。2007 年大年初二，因嫌儿孙春节回家团聚时间太短，七旬老人梁某秀一时想不开，当二十多个儿孙一起离开她时，她悄悄服毒自杀。连日来，梁老太的子孙对此伤心欲绝。

老人虽年过七十，但精神矍铄，耳聪目明。老人的两个女儿都远嫁他乡，四个儿子连续五年都分别在巫山县城、重庆及湖北宜昌打工，老人成了名副其实的空巢老人。老人不但自己养活自己，还要给四个儿子看家。

据邻居卢大娘介绍，大年三十，除二儿子提前回家外，在巫山县城做生意的三儿子、四儿子因生意忙碌没能赶回家。大儿子一家人当晚从重庆赶回巫山县城在女儿家歇脚也没回家。梁老太望眼欲穿，心头很不是滋味。大年初一晚上，儿子、儿媳、孙子、重孙（除大孙子外）等 20 多人才陆续回家，一家人终于团聚，老人兴奋得一夜难眠。

好景不长。第二天中午，一家人在老二家吃中饭后，三儿子、四儿子便嚷着要回巫山县城，大儿子也要收拾行李到重庆。一家人喊着走，让老人心里凉了一大截。

下午 3 时许，儿孙们挑着行李从河堤上一拨一拨地离开老屋，老人心头很不是滋味。卢大娘称，梁老太当时站在门口田坎上足足待了半个小时。看着儿孙离去的身影，老人泪眼婆娑。

晚上20时，梁老太佯称去厕所，请卢大娘帮着看屋，大约30分钟后，卢大娘听见厕所有瓶子破碎的声音，她进去一看，老人穿着寿服已躺在地上，口吐白沫，身边还有甲氨磷药瓶和啤酒瓶，显然，老人已将药和啤酒喝下了肚。

弥留之际，老人牵着二儿子的手断断续续地说，她最疼爱的大孙子在重庆打工四年，到了巫山县城也没回来看她，让她很伤心；还说她这样死了虽不光彩，但春节大家都回来了好办丧事……当晚21时30分，老人经医生抢救无效去世。

——参见《中国新闻网》2007年2月27日

案例二：2009年10月26日是重阳节，福州马尾亭江花园新村，一名78岁老太太从3楼纵身跳下，不幸身亡。而在此之前，她已轻生过两次，前天下午刚出院。老太太，是一名空巢老人，有一儿三女，分别在香港、美国等地。

在亭江花园新村内一个单元房下，简易搭盖了一个塑料棚，里面摆着一口冰棺，老太太的遗体就躺在里面，等待儿女回来安葬。邻居说，老太太患有糖尿病和脑血栓，眼睛睁不开，伴有胸闷，走路要扶，吃饭要喂，经常住院。“老人家非常想儿女。”邻居说，聊天的时候经常谈到孩子，老人的老伴6年前去世后，就由保姆陪伴着生活，每年儿女们都会有人回家看望老人，这也是老人最开心的时候。

但是2008年，只有一个女儿回来看望老人，最近的一个电话，也还是在这个月初。儿女们还准备每月花4000多元，将母亲送进养老院。保姆介绍，一年前，老人就将安眠药混在麦片里吃，幸亏发现得早才保住性命。13天前的一天早上，保姆来到老人房间，发现老人躺在床上口吐白沫，两瓶安眠药散落在地上。保姆立即打电话叫救护车，幸亏抢救及时老人再次脱离危险，直到前天下午，才从医院回家。

26 日上午 11 时，保姆在厨房洗碗时，突然听到“砰”的一声闷响，立即推开房门，老太太不在了！窗台防盗网却被打开，透过防盗网，地上的老人身体还在抽搐。保姆飞奔下楼，周围的邻居围了过来，老人已经奄奄一息，保姆问了很多句话，老人都没有回答，只是微微露出安详的笑容，随后便闭上了眼睛。

——参见《东南快报》2009 年 10 月 27 日

案例三：2007 年 11 月 17 日，福建三明市八旬留守老人因孤独上吊自杀，老人的子女在为他入殓时重重地磕起响头，为没能尽孝而深深内疚。

11 月 12 日，家住三明市三元区红旗巷的刘先生，经过隔壁一废弃房屋时闻到一股臭味，便进屋看个究竟，发现一位老人吊死在屋梁上。这是一具高度腐败的男尸，警方勘查认定死亡时间是一个月前。根据现场迹象及尸体检验，警方确认老人郑某是自杀。

然而，死者儿子认为父亲不可能是自杀死亡。原来，郑某 80 岁，身体很好，6 个子女都很有出息，其中 4 个还在国外。老人平时生活也很宽裕，怎么会自杀呢？

警方分析，郑某子女虽然多，但全都在外地，无法回来尽孝。老人目前与一名儿媳妇同住，但儿媳妇白天要上班，晚上还得照顾孩子，老人平时缺少亲情关怀，是因为孤独才自杀的。

据死者子女介绍，老人从来没有流露出孤独，每次打电话，他总是说“我挺好的，你们好好工作，别为我操心”。

——参见《东南快报》2007 年 11 月 18 日

【警官析案】

2004年初，中外400位专家学者，于香港召开了预防长者自杀亚太地区会议，就预防老年人自杀进行了跨学科的探讨。应邀参加此次会议的全国老龄工作委员会办公室权益部主任王珣表示，根据世界卫生组织欧洲综合研究中心的研究，目前65岁以上老年人的自杀率约为每10万人中约有29人。在东亚，老年人自杀率为10万人中约有34.5人，是年轻人的2.7倍。在中国大陆，有关调研数据显示，75岁以上老年人自杀率农村明显高于城镇。其中农村男性老年人自杀率为170/10万，城镇为35.7/10万；农村女性老年人自杀率104.4/10万，城镇为29.3/10万。在影响老年人自杀的危险因素中，老年神经和精神疾患是自杀的主要高风险因素。其中，老年抑郁症患者在自杀者中约占10%，老年痴呆患者占1%。

目前，空巢老人普遍面临孤独寂寞导致的精神抑郁问题。有的是因为子女不在身边，感情没有依托；有的是老伴去世，想要再婚却遭遇家人极力阻拦；有的是退休后无事可做，感觉不到自己的价值。这些问题都会使老人产生相应的心理危机，使他们出现慢性焦虑、精神抑郁甚至绝望。社会其他群体，出现心理问题一般都会有人关注解决。例如，青少年一旦出现心结，“解结”的人有家长、老师、朋友以及社会工作者；而老年人的子女忙于工作，老人心里有话一般都没有机会说，而他们也不愿多说，导致心理问题不能得到很好的化解疏导，一旦心病太重，就容易发生意外。

在抑郁的状态中，老年人更加不愿意跟外界交流，不愿意参加老年娱乐活动，不参加社区或村镇集体活动，整日与孤独相伴。长此以往，老人孤独、寂寞，心中的苦楚无人诉说，就会产生厌世心理。老人的儿女或家人又不能及时发现老人的心理变化，对老人进行疏导，导致老人的厌世心理越发严重，最终走上自杀的道路。

【警官支招】

如何应对老龄化的加速到来，减少空巢老年人因孤独、贫困、抑郁等原因导致的自杀?

首先，应该从空巢老人自身入手，积极引导老人建立健康向上的心态。平时能够积极主动地参加社区或者村镇组织的各种老年娱乐活动，多去社区或者村镇的健身、休闲场所参加集体活动。在那里，可以结交新的老年朋友，增加与外界交流的机会，寻找乐趣。遇到心理问题，心中有烦闷的事情，应该多跟儿女或家人交流，争取家人更多的关心。

其次，作为空巢老人的家人或亲友，应该在工作之余，更多地关心老人的生活和心理状况。老人有什么困难，积极帮助解决。周末或假日，应该常去看望老人，多与老人聊天，让他们知道自己的工作情况，了解社会上有趣的事情。

再次，作为关注空巢老人的最基层单位，居委会或村委会应该主动担负起引导空巢老人积极乐观心态的责任。平时，应该主动邀请空巢老人参加社区或村镇的老年娱乐活动。日常工作中，应该定期入户走访空巢老人，了解老人遇到的困难，并积极帮助老人解决困难。

最后，社区民警也要加强对空巢老人的定期或不定期入户走访，向他们宣传安全防范知识，加强与空巢老人的交流沟通，增强空巢老人的归属感和幸福感。

（二）生理原因引发的自杀

【警官举案】

案例一： 浙江省宁波市鄞州区云龙镇一位68岁的老人，因不堪病痛折磨和情感孤独，服药自杀。所幸抢救及时，深度昏迷两天两夜的老人已经苏醒过来。

据了解，宁波市已进入老年人口加速增长期，宁波60岁以上的老人超过93万，而老人自杀的事件却时有发生。陈老太家住鄞州区云龙镇冠英村。上周五早上，家人发现一贯早起的老人却在房里没有动静，就推门而入。让他们又惊又痛的是，老人竟然昏迷不醒，身边散落着两只空药瓶和一些药片。家人怀疑老人吞吃了约200粒药片，于是赶紧拨打120急救电话，将老人送到鄞州人民医院抢救。医生检查后诊断老人确实是药物中毒，经洗胃等急救后，老人被送往重症监护病房。所幸抢救及时，昏迷了两天两夜的老人终于在苏醒了过来。

老人的家属告诉记者，10多年前老人就患上了帕金森综合征，长期服药，深受病痛折磨。老人患病后，精神就大不如前，加之丧偶多年，深感孤单。这次服药想必是老人不堪病痛折磨，加之情感孤独。

——参见中国宁波网2009年11月4日

案例二：2012年10月4日下午16时左右，河南信阳人王某国给女儿打电话，告诉她要离家出走，让家里人不要再找他。接到电话的王女士，丢下手中的工作马上赶到了父亲家，却发现父亲已经不在了，桌子上放着一封老人写的遗书，上面写着：“我是个残疾人，瘫痪（偏瘫）8年，右腿骨折5年，得病后又换（患）咳嗽，现年58岁，我志愿死于海洋，谁人见到后不轮（用）打捞，永远安息吧。”看到遗书，王女士悲痛万分，马上告诉了丈夫肖先生，又拨打电话报警，并四处寻人。

2012年10月8日上午8时左右，王女士忽然接到父亲的电话，让家里人不要担心也不要再找他了，说了没有几句话，王某国就把电话挂了。接到电话，家人很着急，但也很激动，因为老人还活着，而且他们根据电话查到老人就在青岛，于是家人立刻与青岛警方取得了联系。

青岛云南路派出所接到报警后，查到王某国是在东平路和广州路十字路口处的一家小旅馆里拨打的电话，随后警察赶到现场，但王某国已经离开了。据旅馆老板介绍，王某国离开旅馆后朝火车站方向去了。得知以上情况，一家人立刻驱车从河南往青岛赶。8 日下午 15 时左右，肖先生一家人赶到了青岛，但王某国已经在海边投海自杀了。

——参见《青岛新闻网》2012 年 10 月 9 日

案例三：2008 年 1 月 3 日早晨 6 时左右，住在海珠区龙潭村东约九巷 17－6号的钟先生到父亲房间叫父亲吃早餐时，推开门发现老人整个身体吊在窗户上已不省人事，经过抢救仍未能挽回老人的生命。邻居们在惋惜之余，猜测老人可能是因为自身瘫痪不想拖累儿女这才轻生离去。

据附近一士多店老板介绍，大约在 3 年前老人身体右边一侧瘫痪，平时经常会拄着拐杖到他档口旁边聊天。“他的两个儿子都很有钱，也很孝顺，平时对老人照顾得也很细心。”老人的朋友李伯告诉记者，虽然老人的儿子因为工作早出晚归，但是对于老人一直照顾得很周全，轮椅、拐杖全都给老人买最好的，在亲人的细心照看下，以前完全躺在床上不能动的老人现在已经可以自己外出走动，大小便也开始可以自理。老人曾跟邻居说过，因为自己瘫痪多年，看到孩子们忙里忙外的还要照顾他，太累了，心里很过意不去。“没有想到儿女那么孝顺，老人家还是寻短见了。”

据一目击者称，出事时老人是将一根拐杖插在房间的窗户上，然后在拐杖上挂上绳子，老人的身体就吊在绳子上，他怀疑老人是趁家人睡熟的时候，踢开轮椅悬绳自尽的。“我估计他一直都在找机会，因为我们常常听到他说自己瘫痪了，拖累了孩子。”

据介绍，3 年前老人刚瘫痪的时候，因为觉得自己拖累了儿子，影响了孩子们的生活，曾趁家人不注意的时候自杀过一次，但被家人及时发现救回一命。出事后，儿子们对老人看得很紧，并经常给老人做思想工作，没想事隔这么久后，老人还是趁家人不注意时自杀身亡。

——参见《信息时报》2008年1月4日

【警官析案】

老年人因为生理机能下降，容易患上偏瘫、高血压、癌症等疾病。空巢老人在疾病困扰的情况下，身边没有子女或家人照料，疾病不能得到及时有效治疗，没有家人的开导和呵护，更容易自暴自弃。即使有家人照料，空巢老人也会认为自己的疾病会拖累儿女家人，成为家人的负担。所以，患有各类疾病的空巢老人遭受着生理和心理的双重折磨。

长期患有疾病的空巢老人，身体和精神上承受巨大的煎熬，自己心里的想法又无人诉说。日积月累，他们会产生对自我的否定和厌恶，从而产生厌世心理。一方面是认为自杀可以让自己摆脱生理上的痛苦；另一方面，认为可以减轻儿女或家人的负担。因此，患有疾病的空巢老人更容易选择自杀的方式解决问题。

【警官支招】

中国已提前进入老年社会，近年来老年人的身体健康和心理卫生问题愈发明显。对于因为生理原因导致的空巢老人自杀的问题，需要社会各界的共同努力来解决。

在不幸患病的情况下，空巢老人应该从心理上接受自己患病的事实，并配合家人和医院，积极地进行治疗。不要认为自己年事已高，治疗已经没有意义。即使是老人，生命也是珍贵的，应该珍惜生命的每一天，不能放弃治疗。老人的健康长寿是儿女和家人的最大心愿。只有老人积极接受治疗，心态乐观，儿女和家人才能更加安心地工作。

作为空巢老人的儿女和家人，应该在老人患病时给予老人更多的关心和照料，让他们体会到自己对家人的重要性。尽量多地在医院陪老人聊天，多做老人喜欢吃的饭菜，多带老人出门看风景、晒太阳。上班时，多跟老人通电话，叮嘱老人按时吃药。下班后，应该尽量多去看望老人。

（三）受刺激引发的自杀

【警官举案】

案例一：2012年2月25日深夜，在自家种满豆角和萝卜的菜地里，李某才用一根红裤带将自己挂在了2米高的大棚支架上。直到次日早晨7时许，僵硬的尸体才被邻居发现。

县城里的人大多能清晰地回忆起他的声音：洪亮，亢奋。激动时，他会咧开干裂的大嘴，露出两排蛮横而不齐整的黄牙，双手像杨树枝一样摇摆。30年来，李某才如布道师一般，不厌其烦地寻觅着人群最密集处，开启他激昂而冗长的演讲。演讲的内容只有一个：红色语录。

十余平米的阴暗小屋里，李某才给这个世界留下的全部遗产是：5本泛黄起皱的《毛泽东选集》，20多枚仅存的毛主席像章，1本贴满了百余幅毛主席照片的影集，以及6幅楠木相框的毛主席画像。遗物放在一个半米高的红褐色米缸里，米缸里没有一粒米。而让他陷入莫名愤怒的，则是毛主席像章的被盗。几十年来，李某才收集了近两百枚款式各异的毛主席像章，这些像章被他视作珍宝，用毛巾擦拭得发亮，并小心地装在一个布袋里。这些红色纪念品在二十年来曾被人随意丢弃，却在最近5年成了利润丰厚的商品。金光街古玩店的老板陈某说，一枚质量较好的毛泽东像章，如今可以卖到两百元。如果成套，价格更高，购买的一般都是外地顾客。曾有人想要购买李某才的像章，却被他用“斗私批修”狠狠顶回。他只会偶尔挑选一两枚，送给为他看病的医生，或曾帮助他的人。不料2011年12月，在他外出闲逛时，盗贼撬开了铁锁，拿走了布袋。李某才只留下了身上带着的二十余枚像章。

李某才病倒了，侄子李某去看他。李某才喃喃地说：“怎么会这样？”长期的贫困、孤独击倒了李某才，疾病及老无所依的恐惧似乎是压垮他的最后一根稻草，让老人倒在了无人问津的死亡里。外甥秦某武操办了老人的葬礼，合棺前他小心地将仅存的二十余枚毛主席像章，放在了狭小的楠木棺材中。

——参见《南方周末》2012年5月7日

案例二：2010年3月30日下午接近13时，山东青岛城阳夏庄华仙路一小区内发生血案，家住一楼的82岁王老汉挥起斧头砍在了对门邻居80岁老太太头上，致其当场身亡。之后，王老汉爬到二楼一个平台上声称要跳下去。事发后，邻居们赶紧报了警，110民警与119消防队员赶到后一起劝说营救，一个多小时后将老汉救下。对于此事，小区居民都满腹疑问：两家是对门的邻居，相处也快两年了，到底有什么深仇大恨呢？

邻居秦先生说，事发后就在他准备走出楼道报警时，突然传来一声喊叫："我让你报警！"接着就看到一名女孩抱着头跑走了。原来，王老汉已经爬到二楼的一个平台上，他的手里满是鲜血，看到那名女孩打电话报警后，王老汉把斧头扔向了女孩，幸好没有伤到她，只是衣服被斧头划开了一道口子。

随后，记者来到了王老汉的家里。这时，王老汉的儿女们都聚集在一起商量着如何处理这件事。王老汉的小女儿告诉记者，父亲今年82岁，母亲今年83岁，"以前跟对门大婶的关系也很好，有时候我们来的时候，俺娘不在家，对门的大婶还帮着到处找俺娘回家，现在出了事，我们感觉很对不起人家。"小女儿说，"父亲原本情绪很好，就是这几年出的事太多了。"他们一共兄弟姐妹六人，几年前大姐生病去世，紧接着排行老五的哥哥又发生意外从楼上坠落身亡。"特别是哥哥去世后，对父亲的影响很大，我每次回来看他，他都会跟我说晚上又梦到哥哥了。"他们怀疑可能是因为儿女接连去世，父亲受到刺激引起的。

——参见《半岛都市报》2010年4月1日

案例三：2006 年 12 月 30 日，60 多岁的老人唐某在去菜市场买菜时被管某所雇司机姜某驾驶的轿车的反光镜刮倒，手臂轧入车轮下，造成双上肢骨折，双侧肱骨上段骨折，移位严重。司机紧急将老人送医院救治。宜兴市交警部门认为，在居民住宅院或单位院内，机动车应当减速行驶，避让行人，如没有避让而撞到行人，必须承担事故全部责任。因此认定姜某对事故负有全部责任。

老人的伤并无大碍，2007 年 1 月，老人治疗好转后出院，医生嘱咐其休息三个月。三个月后，老人胃口不好，但医院全面检查没有发现任何健康问题。2007 年 5 月，老人严重失眠，乏力，并向他人表示不想活了。家人再次将其送医院就诊。医院确诊，老人车祸后精神受创，患有应激性精神障碍，建议住院进行抗抑郁治疗和抗焦虑治疗。一个月后治疗好转回家。2007 年 9 月 21 日，老人在家中服毒自杀身亡。老人家人认为，老人因车祸导致精神障碍，进而服毒自杀，肇事方应当对老人的死亡进行赔偿。2007 年 12 月 25 日，老人亲属提起诉讼。

——参见《经济与法》2009 年 2 月 6 日

【警官析案】

空巢老人一般独自居住，没有社会工作，与社会联系脱节，导致空巢老人对许多社会现象不能理解，神经比较敏感。空巢老人大多数认为自己不能为社会和家人做出什么贡献，找不到自身的价值和生活意义，对自己持否定厌恶的态度。所以，空巢老人心理大多比较脆弱，受到一些大的刺激的时候，往往会超出他们的心理承受范围，导致空巢老人的自杀。

空巢老人一般都经历过生活困难时期，所以，他们对财物看得比较重要。如果遇到诈骗、盗窃等违法行为，使他们遭受重大经济损失，他们往往不能接受，受到很大的打击。空巢老人年龄大，对身边的事物，尤其是陪伴自己时间较长或者自己珍爱的东西，比较看重。如果自己比较珍重的东西丢失或损坏，也容易使空巢老人心理上大受刺激。空巢老人最重视的当然是自己儿女、子孙、家人的健康了。如果有家人突然离世，白发人送黑发人，对空巢老人的打击太大，老人心理上无法接受。这些因素，都容易使空巢老人受刺激之后，选择自杀。

【警官支招】

空巢老人应该多跟年轻人交流，了解并顺应社会潮流。对社会上许多年轻人喜欢的事物给予充分理解。同时，老人应该把财物看得淡一些。钱财都是身外之物，自己的健康长寿才是最大的福分。对自己珍爱的事物，如收藏的艺术品、祖传文物、结婚信物等，应该妥善保管，放在外人看不到的地方，以防被心怀不轨者盗走。

在损失大量钱物或自己珍爱的宝贝丢失、损坏的时候，空巢老人应该从心理上慢慢接受事实，不要过度悲伤。毕竟，自己的健康、家人的幸福才是最重要的。如果不幸有儿女或子孙去世，老人也应该节哀顺变。空巢老人的家人在老人遭受大的刺激的时候，应该多对老人进行劝解，多做能让老人开心的事，解开老人心中的结。幸福的晚年是每位老人最大的心愿，生活中的不如意会有很多，但是只要积极进行心理调节，一切都会好的。

【警官说法】

中华人民共和国《老年人权益保障法》第二章中关于家庭赡养与扶养的规定如下：

第十三条　老年人养老主要以居家为基础，家庭成员应当尊重、关心和照料老年人。

第十四条　赡养人应当履行对老年人经济上供养、生活上照料和精神上慰藉的义务，照顾老年人的特殊需要。

赡养人是指老年人的子女以及其他依法负有赡养义务的人。

赡养人的配偶应当协助赡养人履行赡养义务。

第十五条　赡养人应当使患病的老年人及时得到治疗和护理；对经济困难的老年人，应当提供医疗费用。

对生活不能自理的老年人，赡养人应当承担照料责任；不能亲自照料的，可以按照老年人的意愿委托他人或者养老机构等照料。

第十六条　赡养人应当妥善安排老年人的住房，不得强迫老年人居住或者迁居条件低劣的房屋。

老年人自有的或者承租的住房，子女或者其他亲属不得侵占，不得擅自改变产权关系或者租赁关系。

老年人自有的住房，赡养人有维修的义务。

第十七条　赡养人有义务耕种或者委托他人耕种老年人承包的田地，照管或者委托他人照管老年人的林木和牲畜等，收益归老年人所有。

第十八条　家庭成员应当关心老年人的精神需求，不得忽视、冷落老年人。

与老年人分开居住的家庭成员，应当经常看望或者问候老年人。

用人单位应当按照国家有关规定保障赡养人探亲休假的权利。

第十九条　赡养人不得以放弃继承权或者其他理由，拒绝履行赡养义务。

赡养人不履行赡养义务，老年人有要求赡养人付给赡养费等权利。

赡养人不得要求老年人承担力不能及的劳动。

第二十条　经老年人同意，赡养人之间可以就履行赡养义务签订协议。赡养协议的内容不得违反法律的规定和老年人的意愿。

基层群众性自治组织、老年人组织或者赡养人所在单位监督协议的履行。

第二十一条　老年人的婚姻自由受法律保护。子女或者其他亲属不得干涉老年人离婚、再婚及婚后的生活。

赡养人的赡养义务不因老年人的婚姻关系变化而消除。

第二十二条　老年人对个人的财产，依法享有占有、使用、收益和处分的权利，子女或者其他亲属不得干涉，不得以窃取、骗取、强行索取等方式侵犯老年人的财产权益。

老年人有依法继承父母、配偶、子女或者其他亲属遗产的权利，有接受赠与的权利。子女或者其他亲属不得侵占、抢夺、转移、隐匿或者损毁应当由老年人继承或者接受赠与的财产。

老年人以遗嘱处分财产，应当依法为老年配偶保留必要的份额。

空巢老人子女不在身边或者没有子女，但都有法律规定的赡养人。子女或亲属不在身边可以理解，但是，这不能成为不赡养老人的理由。老人为抚养子女、为社会进步作出了应有的贡献，理应享受子女、家人、社会的赡养和关注。空巢老人的子女不在老人身边照顾，应该更多地给予老人经济上和精神上的支持，让老人有一个安详舒适的晚年。老年人有追求自己婚姻幸福的权利，子女或近亲属没有权利干涉。同时，法律保护老年人的人身财产安全不受侵犯。当自己的任何权利受到侵害的时候，空巢老人可以拿起法律的武器，维护自己的合法权益。

六、空巢老人意外事件与预防

——随时提防，远离危险

（一）突发疾病引发的安全问题

【警官举案】

案例一： 2011年6月15日12时30分许，湖北黄石78岁的黄爹爹在纺织二路菜场买菜时，突然晕倒在地。

接到群众报警后，民警迅速赶到现场，查看黄爹爹的情况后，民警立即拨打了120急救电话。老人被迅速送到市二医院抢救。经医院初步检查，黄爹爹因突发冠心病，各项生命体征都处于危险边缘，医院迅速展开了抢救。

得知黄爹爹是个独居老人后，民警四处寻找老人的家属。最后，通过黄爹爹的手机，民警终于联系上了他出嫁到鄂州农村的小女儿。下午2时许，黄爹爹的小女儿小黄从鄂州赶到市二医院。遗憾的是，老人已经溘然长逝。小黄将父亲的死讯，通知在外打工的哥哥、姐姐后，心情终于稍稍平静了一点。6月16日，黄爹爹远在新疆的儿子和云南的大女儿纷纷赶回了黄石。

黄爹爹的大女儿黄女士告诉记者，她父亲是工矿集团的退休职工。因为工作原因，父亲患上了矽肺，上年纪后，又有高血压。考虑到父亲的身体原因，他们兄妹曾打算送父亲去老年公寓。但父亲节约惯了，觉得自己有儿女，就没有去。父亲原来住在飞娥山，后来那里拆迁了，黄女士就让父亲住到了自己家。“我们家相对宽敞些，又有卫生间，条件稍微要好些。”父亲住过来后，黄女士嘱咐邻居平时多关照一下父亲。她在武汉读书的侄女，在学习不忙时偶尔会回家看一看爷爷。据黄女士介绍，15日上午，父亲突然跟她家的老邻居陈师傅夫妇说，他这几天感到身体不怎么舒服。父亲将家里的一套钥匙交给了陈师傅，并嘱咐他：“如果看到我没有开门，你们就过来看看。”遗憾的是，黄爹爹将钥匙交给陈师傅不久，就晕倒在菜场。“没能给父亲送终，我们心里都很难受。”黄女士哽咽道。

——参见《东楚晚报》2011年6月21日

案例二：一名年过七旬的老人独自在家时突发疾病猝死。老人独自居住，儿女不在身边，没能为抢救赢得宝贵的时间。

71岁的杨姓老人，家住哈尔滨香坊区珠江路附近。老人有三个子女，老伴去世多年，他一直身体十分硬朗，因此常年独自一人居住。不久前，老人在家中突发疾病猝死，直到第二天被邻居发现，通知他的儿子，大家才知道老人出了意外。老人很可能是突发脑出血或心肌梗死等疾病导致身亡的。目前，哈尔滨市60岁以上老人已达122.93万，占全市总人口比例12.7%，这标志着哈尔滨已步入老龄社会。到目前为止，全市有53.9万老人独守“空巢”，占全市老年人口数量的43.8%。

家住道里区钢铁街69岁的李阿姨告诉记者，不久前，她独自在家时，不小心被烫伤。情急之下，她敲开邻居家的门求助。记者从120急救中心了解到，近年来，经常有老人独自在家或外出时突发疾病，有的因抢救及时保住了生命，有的老人却因错过了最佳抢救时间，失去了生命。据市第一医院急诊内科副主任医师王宇新介绍，老年人最易患的是心脑血管疾病急性发作，这类疾病抢救越早越好，一些老年人突发疾病没能及时发现，等送到医院时往往错失了最佳抢救时机。

——参见哈尔滨新闻网2011年8月5日

案例三：2006年1月10日上午9时许，82岁的独居老人独自在家突发心脏疾病倒地，正在炉上烧的开水溢出，将炉火熄灭，造成煤气泄漏。所幸邻居发现及时，没有造成更大的后果，但老人已经去世。经警方初步判定，老人可能是突发心脏疾病死亡，而非煤气中毒。

【警官析案】

空巢老人进入高龄，生理机能下降，各个器官的健康亮起红灯。他们大多数人饮食不规律，吃饭不及时，饭菜质量较差，往往在吃饭上敷衍了事。且大多作息无规律，睡眠较少。平时不参加活动，疏于锻炼，身体较虚弱。生活中无人说话，与外界缺乏交流，精神长期孤独、抑郁，对老年人的身体健康也有很大的不利影响。

空巢老人身体行动不便，但是，无论是出门买菜，去超市购买生活必需品，还是平时的洗衣做饭，都需要自己完成。在出门行走较远的路程或者洗衣做饭中，体力消耗较大，更容易引发突发疾病。而在老人突发疾病的情况下，身边没有人发现、照料，老人又没有能力及时拨打电话求救，使得突发疾病不能得到最快最好的诊治，延误了最佳治疗时机，最终酿成空巢老人突发疾病死亡的惨剧。

【警官支招】

空巢老人在平日的生活中，应该多爱惜自己的身体。一日三餐按时进餐，并合理安排饮食，搭配不同的食物，不能不吃或者凑合吃。只有饮食健康，才能有健康的身体。平时也要注意作息规律，早睡早起，尽量进行适当有益的晨练。多参加老年人娱乐活动，多去公园散步、聊天，培养自己积极乐观的心态，每天保持好心情。

空巢老人生理机能下降属于不可抗因素。如何预防空巢老人突发疾病及如何在突发疾病时给予及时有效的治疗，更多地需要老人的家人和社会的关注和努力。作为老人的家人，应该定期带老人进行健康体检，对身体存在的患病危险做到早发现、早治疗，把疾病治愈在发病初期。多关心老人的生活，照顾老人的生活起居，引导老人养成健康规律的生活方式。多与老人进行思想交流，保持老人开朗的心情。社区或村镇应该完善空巢老人突发疾病求救机制，保证他们在突发疾病时，能够方便顺利地通知社区或村镇，得到及时的治疗。平时，也应该多看望空巢老人，尤其是长期患病的老人，更多的给予关心，观察老人的病情，与老人的家人保持密切联系。

（二）运动不慎引发的安全问题

【警官举案】

案例一：2012年3月5日傍晚，某购物广场下方的停车场里有不少市民载歌载舞。有一名60多岁的老人进入舞场，邀请一名年约40岁的女士为其伴舞。跳第一支舞时，老人还一切正常。第二支舞刚跳一半，老人突然一头歪倒在地上，再也没有醒过来。旁边的人见状，赶紧拨打急救电话。

有知情者称，老人好像心脏不太好，最近一直感觉不太舒服，没想到"悄无声息地突然就去了"。急救医生在现场抢救了40多分钟，但仍未救回老人的生命。至于老人的死因，可能是"心源性猝死"。

案例二：2010年2月27日下午14时许，家住武汉市东西湖区吴家山街恒春里社区居民楼的朱爹爹独自一人来到该区吴家山梦佳里社区绿化广场散步时，突然发现一名年约80岁的老翁不慎失足摔倒在地，无法动弹，已是高龄的朱爹爹三步并作两步上前，把摔倒在地的老翁扶起，同时紧急拨打警方报警电话求助。

110巡逻民警接到朱爹爹的报警求助电话后，立即驰援赶到事发地点，民警发现摔伤老翁面色潮红、意识不清醒，立即联想到老翁可能因摔伤引发脑溢血，如果不及时送医抢救治疗可能有生命危险，民警当即立断，将摔伤老翁紧急送往该区一家医院进行及时诊断和救治。经医护人员诊断，摔伤老翁伴有脑溢血病症症状，已引发中风，如果再晚几分钟送医，可能有生命危险。

事后，经民警了解，摔伤老翁姓唐，家住武汉市东西湖区吴家山街梦佳里社区居民楼2楼，平时喜欢外出与老人们一道聊天和打桥牌，没想到外出不慎一失足摔倒，险些要了老命。

——参见中国老年网2010年3月2日

案例三：2008年10月11日正午，北京市紫竹院公园垂钓区北岸，一名年近六旬的老者意外落水，不治而亡。

垂钓者老王说，10月11日清早5时，这名落水者就来到了紫竹院公园。他从对方言谈中得知，对方姓陆，河北邢台人，在交大附近经营一家饭店。"他一大早就说胃不舒服。"老王说，老陆在钓鱼时，因感到身体不适，还向他要过一杯开水喝。中午不到12时，老陆的儿子为父亲送来了午饭，随即离开了公园。

“饭菜你还等凉了吃?”老王说，老陆的儿子离开10分钟后，他发现老陆一直没有吃饭。然而，他刚说完这句话转身，就听到“扑通”一声。发现老陆落水后，老王急忙和儿子小王三步并两步地跑了过去，试图拉老陆上岸。这时，一名途经这里的小伙也毫不犹豫地加入了救援队伍。小王描述说，老陆落水时丝毫没有挣扎的迹象，身体很快就浮出水面，双手耷拉着，“像是发病后，才掉进水里的”。

3名救援者随即将老陆拉出了水面，这时距离老陆落水只有短短1分钟。120急救人员赶到后当即对老陆进行了抢救，并根据他的面部特征推测，他很可能是突发了心血管疾病。中午12时30分许，老陆被送到了北京大学人民医院进行抢救。两个小时后，该院急诊一名护士证实抢救无效，“人已经没了”。

北京市120急救中心李坚韧医生提醒，老人不应该在未发现身体有病痛等症状的情况下，就忽视了定期前往医院体检。此外，对于那些原本就患有心脑血管疾病的老人们来说，并不适合钓鱼时久坐不动，这样会引起血流过缓，容易提高血栓的发病率。

——参见《北京晚报》2008年10月12日

【警官析案】

空巢老人独自居住，没有家人的陪伴。为了丰富自己的生活，提高自己的生活质量，老人会参加一些娱乐活动。同时，空巢老人也有自己的爱好，如垂钓、跳舞、冬泳等。因为空余时间较多，花在娱乐活动的时间就会较长。跳舞本身消耗体力较大，如果跳的时间较长，尤其老年人体力本身较差，就容易引发疾病或者发生意外。垂钓需要久坐，且坐姿不舒适，不利于全身的血液循环，老人进行垂钓活动更容易引发疾病。冬季气温低，水温也低，老年人进行冬泳活动，容易因为身体不能承受寒冷诱发疾病。登山需要强健的身体和充足的耐力，老年人进行登山活动，超出了老年人的身体承担能力，造成体力透支，诱发各种突发疾病。所以，空巢老人在进行户外活动时应该谨慎选择活动方式，适当控制活动时间。

【警官支招】

空巢老人应该多进行户外活动，寻找生活的乐趣。但是，在选择户外活动的方式上应该谨慎，选择既能陶冶情操，又没有太大危险，不会消耗太多体力的活动形式。身体健康、体力较好的老人可以选择跳舞、慢跑、登山等活动，保持身体的健康。处于高龄的老人，身体比较脆弱，不适宜长时间或较大负荷的活动，应该以散步、下棋、打太极等轻松的娱乐活动为主。

空巢老人在进行户外活动时，应该尽量找人陪护。登山、冬泳、跳舞等体力消耗较大的活动，应该尽量有家人陪同。进行散步、下棋、打太极等活动时，应该有老年朋友一起进行，互相照应。

（三）其他意外事件引发的安全问题

【警官举案】

案例一：2012 年 12 月 17 日 7 时 30 分许，位于凯旋路庆春路附近的金牛坊小区一业主家中发生火灾，起火原因是家用取暖器被踢倒后，由于温度过高，引燃了家里木质结构的装潢。火灾导致家中一行动不便的老人被烧伤，好在当时儿媳在家，将老人及时搀离房间后，才避免了一场悲剧。老太太全身灼伤面积约 10%，集中在臀部和腿部。

消防部门提醒，冬季来临，居民家中可能会用各种大功率的取暖设备，在使用这些设备前，最好先检查一下，在使用一些年份较旧的取暖设备时，应多加注意电器是否能够正常使用。此外，使用这些取暖设备时，也要远离易燃物，如棉被、沙发等，避免因设备短路或翻倒引燃这些物品而发生火灾。

——参见《今日早报》2012 年 12 月 18 日

案例二：2010 年 6 月 25 日晚 6 时许，随着一声巨响，东莞一名六旬老人倒在血泊中。老人以卖孩子们玩的气球为生，他每三天拿出一个氢气瓶，在瓶内放上废电池和水，扭紧瓶盖后，不停地用力挤压瓶盖上的按钮，产生的氢气则从瓶身旁边的小孔直接充到气球内。事发时他正用老办法制造氢气，氢气瓶底部发生爆炸，他的右腿当场被炸成两截。

——参见《南方都市报》2010 年 6 月 27 日

案例三：2012 年 6 月 19 日，一条灰色阿拉斯加犬在浦东新区华高二村小区突然发威，猛地扑向一条体型娇小的雪纳瑞犬。混乱中，雪纳瑞犬的主人——59 岁的郑阿姨的腿部被阿拉斯加犬咬得鲜血直流。

事实上，这已经是这只大狗第二次“犯事”了。一年前，郑阿姨曾被这只狗撕咬得全身多处受伤，连衣服也被抓破了。小区居民反映，这条大狗曾多次欺负或咬伤过其他居民家的小型犬。

郑阿姨被狗咬伤的事件在小区里炸开了锅，不少居民对于遛狗的安全问题提出了意见。小区居民孙女士说，自家的小狗也曾被这条大狗扑倒过，“在小区遛狗时一定要拴好狗绳，主人要尽到看管的责任”。

——参见《新闻晨报》2012 年 6 月 19 日

【警官析案】

随着人们生活水平的提高，家用电器日新月异，生活用品花样翻新。新型宠物、新型电器，到处充斥着现代人的生活。空巢老人因为知识结构、生活习惯等原因，接触新事物的机会较少。在遇到新事物时，往往会局促紧张，不知所措。并且，老人学习能力和记忆能力下降，不能很好地掌握新事物的使用方法，容易因为操作不当发生意外。

现在，养宠物渐渐成为人们的习惯。大街小巷、小区、集市等地方，随处可见各类宠物。即使是最普通的宠物狗，也是种类繁多。空巢老人根本不知道哪种宠物有危险性，哪种宠物没有危险性。另外，有些老人因为孤独，也会豢养宠物。这些危险，时刻威胁着空巢老人的人身安全。

【警官支招】

空巢老人在购买家电时，应该尽量选择质量可靠、容易操作、好学易懂的电器。在家中使用电器应该记得正确的使用方法，并严格按照规定使用，在使用完毕后，记得关闭电源。对煤气灶，应该牢记使用完毕后，关闭煤气开关。易燃易爆物品，像报纸、酒、油等，应尽量远离电源。吸烟的老人应该牢记，不要在卧室吸烟，烟头一定要及时熄灭。养宠物应该尽量选择小型宠物，并保持宠物的清洁。在室外遇到其他宠物时，应远离大型宠物。空巢老人养宠物犬确实可提高自身生活能力。北京大学心理学院在 2002 年至 2003 年间，随机选取北京市 719 个“空巢家庭”进行研究。研究结果表明，喂养宠物犬的空巢老人无论在身体和心理方面都比对照组老人更加健康，伴侣动物对人的身心健康有直接或条件性影响。同时提醒老人，养宠物要注意个人卫生和安全，不要扰邻，与宠物在一起的时间也并非越长越好，不要因过于依恋宠物而放弃与他人交流的机会，否则可能事与愿违。

【警官说法】

我国《产品质量法》中，关于因产品质量产生的问题规定如下：

第四十二条　由于销售者的过错使产品存在缺陷，造成人身、他人财产损害的，销售者应当承担赔偿责任。

销售者不能指明缺陷产品的生产者也不能指明缺陷产品的供货者的，销售者应当承担赔偿责任。

第四十三条　因产品存在缺陷造成人身、他人财产损害的，受害人可以向产品的生产者要求赔偿，也可以向产品的销售者要求赔偿。属于产品的生产者的责任，产品的销售者赔偿的，产品的销售者有权向产品的生产者追偿。属于产品的销售者的责任，产品的生产者赔偿的，产品的生产者有权向产品的销售者追偿。

第四十四条　因产品存在缺陷造成受害人人身伤害的，侵害人应当赔偿医疗费、治疗期间的护理费、因误工减少的收入等费用；造成残疾的，还应当支付残疾者生活自助具费、生活补助费、残疾赔偿金以及由其扶养的人所必需的生活费等费用；造成受害人死亡的，并应当支付丧葬费、死亡赔偿金以及由死者生前扶养的人所必需的生活费等费用。

因产品存在缺陷造成受害人财产损失的，侵害人应当恢复原状或者折价赔偿。受害人因此遭受其他重大损失的，侵害人应当赔偿损失。

第四十五条　因产品存在缺陷造成损害要求赔偿的诉讼时效期间为二年，自当事人知道或者应当知道其权益受到损害时起计算。

因产品存在缺陷造成损害要求赔偿的请求权，在造成损害的缺陷产品交付最初消费者满十年丧失；但是，尚未超过明示的安全使用期的除外。

第四十六条　本法所称缺陷，是指产品存在危及人身、他人财产安全的不合理的危险；产品有保障人体健康和人身、财产安全的国家标准、行业标准的，是指不符合该标准。

第四十七条　因产品质量发生民事纠纷时，当事人可以通过协商或者调解解决。当事人不愿通过协商、调解解决或者协商、调解不成的，可以根据当事人各方的协议向仲裁机构申请仲裁；当事人各方没有达成仲裁协议或者仲裁协议无效的，可以直接向人民法院起诉。

我国《侵权责任法》第十章关于饲养动物损害责任规定如下：

第七十八条　饲养的动物造成他人损害的，动物饲养人或者管理人应当承担侵权责任，但能够证明损害是因被侵权人故意或者重大过失造成的，可以不承担或者减轻责任。

第七十九条　违反管理规定，未对动物采取安全措施造成他人损害的，动物饲养人或者管理人应当承担侵权责任。

第八十条　禁止饲养的烈性犬等危险动物造成他人损害的，动物饲养人或者管理人应当承担侵权责任。

第八十一条　动物园的动物造成他人损害的，动物园应当承担侵权责任，但能够证明尽到管理职责的，不承担责任。

第八十二条　遗弃、逃逸的动物在遗弃、逃逸期间造成他人损害的，由原动物饲养人或者管理人承担侵权责任。

第八十三条　因第三人的过错致使动物造成他人损害的，被侵权人可以向动物饲养人或者管理人请求赔偿，也可以向第三人请求赔偿。动物饲养人或者管理人赔偿后，有权向第三人追偿。

第八十四条　饲养动物应当遵守法律，尊重社会公德，不得妨害他人生活。

《治安管理处罚法》第七十五条规定：饲养动物，干扰他人正常生活的，处警告；警告后不改正的，或者放任动物恐吓他人的，处二百元以上五百元以下罚款。

驱使动物伤害他人的，依照本法第四十三条第一款的规定处罚。

空巢老人在做好自身健康检查，防止突发疾病发生的同时，也应该注意生活中因为家用电器使用不当、饲养宠物等造成的伤害。一旦因为产品质量不合格或者商家的责任，造成对老人的人身或财产伤害，应该根据《产品质量法》维护自己的合法权益。如果是被动物伤害，可以根据《侵权责任法》、《治安管理处罚法》等法律规范维护自己的合法权益。

第二编　财产安全防范指南

——莫轻信，莫贪小便宜，天上不会掉馅儿饼

随着社会老龄化程度的加深，空巢老人越来越多，由于其在社会和家庭中的特殊地位，已成为不容忽视的社会问题，引发社会的广泛关注。由于自身的年龄、身体状况、心理等方面的原因，他们面临的人身侵害和财产安全问题增多。在现实生活中，空巢老人在财产安全方面，容易遭受盗窃、抢劫、诈骗等方面的侵害。本篇重点就空巢老人被盗窃、抢劫、诈骗的原因进行分析及提供预防措施，为其财产安全防范提供指导和帮助，减少财产安全侵害，乐享晚年生活。

一、空巢老人被盗窃案件与预防

——少带现金，放好贵重物品

随着社会主义市场经济的发展，流动人口的增加，针对空巢老人的盗窃案件也呈逐年上升的趋势。犯罪分子作案手法多样、隐蔽，空巢老人难以辨别，造成了大量的财产损失。下文重点介绍几类针对空巢老人的盗窃案件和具体预防措施，以期减少老人所受损害。

（一）冒用国家工作人员、社区医生等名义入室盗窃老人财物

【警官举案】

案例一：近日，不断有老人向郑州市公安局建设路派出所报案称，有3名男子冒充社区医生，以上门免费体检、量血压为由，到空巢老人家中盗窃物品。据案件侦办人介绍，近日，他们辖区频繁接到空巢老人报警，有3名男子以社区医生免费治病为由进入老人家中，免费提供体检、拔罐、量血压等项目。同时，3人分工明确，1人给老人看病，另外两人进入其他房间四处

找值钱的东西，3人离开后，老人才发现房间内的许多抽屉被打开，戒指、耳环及现金等贵重的财物丢失。随后，公安局成立专案小组，对案件进行调查，一个月后，3名犯罪嫌疑人被抓获。

——参见《东方今报》2011年9月23日

案例二：2012年9月以来，山东省五莲县城周边村庄发生多起冒称电力局工作人员到农村孤寡老人家中以查电表为由入室盗窃案件。发生后，县公安局立即成立专案组开展调查破案工作。专案组民警对该类案件进行认真梳理，并大量走访被害人及目击证人，发现犯罪嫌疑人系一中年男子，骑一辆红色摩托车。

该男子利用农村老人年龄大，容易上当受骗且戒备心理松懈的情况进行盗窃作案。在调查此系列入室盗窃案期间，该县再次发生两起冒称电力工作人员以查电为由入室盗窃案。两起案件发生后，专案组民警立即展开现场勘验及调查访问工作，并对犯罪嫌疑人可能途经的道路卡口视频监控资料及时进行调取、分析研判。

11月29日下午5时许，城关派出所民警巡逻时，发现一中年男子驾驶一辆红色125摩托车形迹可疑，且与前期系列入室盗窃案中嫌疑摩托车辆特征极为相似。民警随即展开侦查追踪工作，最终在县城某宾馆将犯罪嫌疑人耿某抓获。据耿某交代，他谎称自己是电力工作人员，进入农村六七十岁的孤寡老人家中盗窃，三个月时间内作案20多起，涉案价值两万余元。

——参见《齐鲁晚报》2012年12月3日

案例三：2012年11月以来，安徽省亳州市谯城区连续发生以行医为名盗取村民财物的案件。

2012年11月7日，两名男子骑着摩托车来到大杨镇一村民家，见仅有一位老人在家，便上前问老人身体可好，是否有顽疾。老人表示自己经常腿疼、腰疼。两人便称自己是医生，有一些家传灵药，可以帮助老人将病治好，并要求老人脱下衣服，帮其敷药。这时，老人的儿子打来电话，老人告诉儿子，有医生上门来治病。闻讯赶来的儿子感觉这两人并不像医生，便喊来了附近邻居将其堵在家中，并打电话报了警，派出所民警迅速赶来将两人抓获。

经查，两名男子为邻县人，叔侄关系，姓宿，自2012年8月份以来疯狂作案20余起。两人行窃对象均是年龄较大的独居老人，他们以行医为名，在帮老人敷药时伺机作案。

——参见亳州新闻网2012年11月28日

【警官析案】

根据我国《刑法》的有关规定，盗窃罪，是指以非法占有为目的，秘密地窃取数额较大的公私财物的行为。盗窃行为没有达到法律规定的数额较大的范围，不构成盗窃罪，属于违反治安管理的行为。《治安管理处罚法》第四十九条的规定：盗窃、诈骗、哄抢、抢夺、敲诈勒索或者故意毁损公私财物的，处五日以上十日以下拘留，可以并处五百元以下罚款；情节较重的，处十日以上十五日以下拘留，可以并处一千元以下罚款。空巢老人逐渐成为盗窃案件的被侵害群体，一些犯罪分子有意将空巢老人列为作案的目标，作案屡屡得手，老人往往事后才发现贵重财物丢失。仔细总结不难发现，针对空巢老人的盗窃案件有一些共性特点：

第一，团伙作案，团伙内部分工明确。

第二，作案团伙往往以免费提供体检、拔罐、量血压等项目或以销售保健品为掩护。

第三，作案对象多是年龄较大、行动不便、独自在家的老人。

了解了这类盗窃案件的特点，进一步分析针对空巢老人盗窃案件发生的原因：

第一，空巢老人独自居住、年龄较大、行动不便。针对空巢老人的盗窃案件多是团伙作案，分工明确，老人很难发现。由于身体方面的原因，即使发现也不能有效制止。

第二，防范意识薄弱，贵重财物不能妥善保管。老人由于自身年龄和身体的原因，往往将关注的重点放在子女及自己的身体上，对一些人身及财产侵害犯罪的防范意识相对薄弱，缺乏对侵财盗窃犯罪的了解，对自己身边的贵重财物不能妥善地放置和保管。一旦遇到盗窃案件，容易造成较大的财产损失。

第三，老人心理上喜欢贪些小便宜，容易轻信他人。犯罪分子往往抓住这种心理，以免费提供体检、提供保健品为由伺机作案，老人事后才发觉，造成自己的财产损失。

第四，社区缺乏对空巢老人的关怀与保护。社区对空巢老人的生活进行关怀、慰问的同时，应及时向空巢老人进行防盗窃宣传，加强向老人普及、传授一些防盗小常识。

（二）利用老人外出赶场、散步、取款时盗窃老人财物

【警官举案】

案例一： 近日，警方接到A县C镇老人报案，称自己外出赶场回家后，发现3000元现金和一部手机被盗。事后，接连几天，警方先后又接到类似报案20多起，一时造成不小恐慌。

警方立即成立专案组，经侦查和比对发现：该盗窃团伙主要在乡镇赶场时瞄准空巢老人外出后对老人家中财物实施盗窃，作案工具简单，仅一把螺丝刀，近年以来该地类似案件就达100多起，作案地点遍及该市周边多个地区，涉案金额更高达近百万元。警方迅速破获此案，据作案人供述，他们主要选择独居的空巢老人作案，事前踩点，摸清老人外出赶场活动的规律，然

后待老人外出时进行作案，由于老人的财物放置集中且无保护措施，每次作案都能盗得大量财物。

案例二：受害人章奶奶是一位将近八旬的先天性聋哑人，儿女常年在外打工，平日里都是一个人住，很少有来往的朋友。不过，之前章奶奶遇到了一个和自己一样先天性聋哑的林奶奶，这个林奶奶风趣幽默，还隔三岔五带点水果过来，看到章奶奶屋子里不整齐了，还会帮着整理，一来二去，两人慢慢熟识了起来。

单纯的章奶奶万万也想不到自己已经引狼入室了，趁着每次帮忙整理的机会，林奶奶已经将屋内的情况摸得一清二楚。这天林奶奶又像往常一样过来走动，只是与往常不同的是她带了一小伙儿和一中年妇女过来。章奶奶乐呵呵地将三人迎入屋内，泡茶烧饭开始忙活起来。另一边，乘着章奶奶煮午饭忙得不可开交之时，中年妇女带着小伙儿溜到了二楼，很快找到了那个存着章奶奶积蓄的铁盒子。年轻小伙子“身手不凡”，一下子就把铁盒子撬开了，快速将里边一沓厚厚的红包藏入兜里，麻利地盖好铁盒子，两人又故作轻松地回到了一楼。吃完午饭，三个人就借故离开了。收拾完碗筷，章奶奶打算上楼睡个午觉。老人有个习惯，每次睡前都要查看下铁盒子的积蓄。掀开盖看，原先那沓红包都没了，看着空空荡荡的盒子，章奶奶一下子瘫在了床上。

据办案警官介绍，章奶奶人际关系简单，平时几乎无人来往，又是大白天失窃，所以当日去过章奶奶家的林奶奶三人有作案的可能性。现在，章奶奶的钱被追回了，林奶奶及其同伙被公安机关采取了强制措施。

——参见法制网 2012 年 10 月 31 日

案例三：60 多岁的王大妈儿女都在国外，平时的生活费都由儿女汇到银行卡里，然后自己到银行取现。近日，王大妈照例来到银行取钱，由于银行排队的人很多，不愿等待的王大妈就来到了旁边的自助银行。面对自助取款机，从来没在机器上操作过的王大妈犯了难，好容易将银行卡插进去，接下来该怎么办，王大妈完全没了主意。

在自助银行值班的保安李某看王大妈在取款机前半天都没有动静，便上前来询问是否需要帮忙。看到穿着制服的保安，王大妈放心地告诉他，自己是第一次在自助取款机上取钱，不知道该如何操作。李某耐心地指导王大妈如何操作，并顺利地取到了现金。就在王大妈一张张查看时，保安李某已经帮她退出了银行卡并交到她手上。

顺利取款的王大妈高兴地回了家，逢人就夸银行的保安是个好心人。一个月后，王大妈又拿着自己的“银行卡”来到自助银行，照着之前李某所教的步骤操作，取款机却一直提示密码输入错误。无奈的王大妈只得又到柜台排队，经过银行工作人员核实之后，这张银行卡并非是办在王大妈名下。王大妈拿出与卡对应的存折，请银行工作人员查看存款情况，发现在上次取款的当天晚上23时左右，有4笔合计8000元的取款记录。

百思不得其解的王大妈在银行工作人员的协助下向公安机关报了案。公安机关调出当日取款的监控录像，发现拿着王大妈银行卡取款的正是当日“好心人”保安李某。公安机关迅速将李某抓获归案，在审讯过程中，李某交代，当时看到王大妈在自助取款机前不会操作，本来是想主动帮忙，但是看到王大妈太信任自己，连密码输入都不避讳，自己一时财迷心窍，便起了歪念，正好当时王大妈忙着清点机器吐出的现金，他便用自己的银行卡跟王大妈的卡调了包，王大妈这时才知道自己上了当。

——参见新华报业网2012年3月8日

【警官析案】

空巢老人外出时携带现金或其他贵重物品，由于身边没有家人的陪伴，加上年龄较大、行动不便、防范意识薄弱，很容易成为一些盗窃案件的侵害目标。

老人外出时尽量少携带现金或其他贵重金属配饰，如项链、手镯、耳环等，同时将现金或贵重物品放在自己的视线范围之内。

老人外出时最好结伴而行，万一遇到突发情况如自身财物被盗，相互之间可以互相照应，也使犯罪分子不敢轻易进行犯罪活动。

老人外出遇到陌生人搭讪、攀谈要增强防范意识，避免贵重财物外露，不要向陌生人透露自己的家庭住址和家庭情况，陌生人往往别有用心，以免成为作案目标。

老人外出赶场、串门、购物时，要仔细检查防盗门是否锁好，门窗是否关闭，犯罪分子往往从住宅的门窗进入实施盗窃。

空巢老人独自居住，生活孤单，一些盗窃团伙往往抓住这个特点，利用老人进行作案，他们往往先利用老人到空巢老人的家中试探和熟悉情况，了解其财物的情况，利用老人与老人之间容易放松警惕的特点，伙同事先安排好的老人作案。被侵害的老人往往事后才发现，追悔莫及。

（三）盗窃团伙设陷阱入室盗窃老人财物

【警官举案】

案例一：58 岁的王阿姨家住 A 村一幢 2 层楼房内，两个女儿一个嫁到镇里买了商品房，另一个在外打工。自从丈夫因患肝癌去世后，家中只剩下了她和 81 岁的公公。一个由 6 人组成的盗窃团伙利用空巢老人独居的防范漏洞，专门研究出了一套入室盗窃攻略：一人以借房为由“牵”住老人，另一人趁机潜入老人家中盗窃，得手后立即会同等候在外的其余同伙驾车逃离。盗窃团伙将王阿姨家作为盗窃目标，事后王阿姨发现，原本整洁的房间被翻得乱七八糟，所有抽屉均被打开，存放家中的2350元现金和金耳环、金戒指均不翼而飞。等她追到村口时，那两人早已搭乘一辆黑色奇瑞轿车逃走。该团伙入室盗窃80余起，最终被警方一网打尽。

案例二：近日，城西派出所便衣民警发现一20多岁的女子在城区电影院附近将年近60岁的王某以按摩为名带至其租住屋内，并当着王某的面将屋门锁上，岂知这门锁早已被钟某、胡某等安装上机关。正当王某躺在床上享受之际，早已守候在门外的陈某、钟某等从屋外打开门锁，悄悄进屋将王某放在桌上衣服内的600多元钱盗窃得手。哪料还没等他们回过神来，民警突然出现抓了他们人赃俱全。

【警官析案】

上述两个案例，都是犯罪团伙有计划地针对空巢老人的盗窃案件。案例一的空巢老人没有将贵重物品分散藏放。所有的入室盗窃案中，窃贼一般作案时间都不长，而且长时间搜刮全屋的比例不大，所以如能把贵重物品分散藏放，等于降低了风险。有经济能力的家庭，不妨为老人装置技术防盗设备，由于老人行动不便子女不在身边，信息将会反馈到小区管理处或公安部门，并及时采取措施。

案例二的空巢老人由于没有防范意识，掉进了盗窃团伙的陷阱。一些盗窃团伙抓住空巢老人孤独、寂寞的特点，打着按摩的旗号对空巢老人实施侵财犯罪。面对以按摩、理发为名的出租屋，老人要增强警惕性和辨别力，这些地方很容易发生盗窃案件，老人为确保财物安全，要自觉远离。

【警官支招】

空巢老人逐步成为盗窃案件的被侵害群体，且案件发生后造成大量的财物损失。如果老人事前能够增强防范意识，采取积极的防范措施，就能有效地减少这类案件带来的损失。

空巢老人要增强防范意识，不要以为自己年龄大了，身边没有什么积蓄，就不会成为犯罪分子的侵害目标。尤其是侵财案件、盗窃案件，犯罪分子往往利用老人的这种心理，把作案的对象设定为空巢老人。

不要轻信以免费查体、体检、量血压为名的陌生人，不要将他们带入家中。一些盗窃团伙往往打着社区医生或保健医生的旗号，以免费检查身体、免费送药为由，进入老人家中。老人这时要切实核实他们的身份，可向其所说单位打电话进行核实，不要轻易让其进入家中。

天下没有免费的午餐，老人往往有爱贪小便宜的心理，一遇天上掉馅饼的好事，就降低了警惕性、丧失了判断力，让犯罪分子有机可乘，老人要时时提醒自己莫贪小便宜，以免造成大损失。

社区要加强对空巢老人的关怀，及时地帮助和提醒老人做好各项防盗预防措施。同时，以黑板报、宣传栏、连环画的形式向老人传授防盗小常识。各方齐努力，就能有效地减少这类案件的发生，让空巢老人安享晚年生活。

二、空巢老人被抢劫案件与预防

——左顾右看，提防无事献殷勤

近年来，针对空巢老人的抢劫案件逐渐增多，犯罪分子作案前往往事先预谋，作案时手段残忍，给空巢老人的身体、心理和财物带来极大的损失。

（一）空巢老人被抢劫原因分析

【警官举案】

案例一：2012 年 10 月 27 日新民市公安局三道岗子派出所接到当地村民报案，称本村五保户老人陈某在其家中被人抢劫，老人生命垂危，情况紧急。接到报案后，派出所民警立即赶赴案发现场开展工作。经调查得知，被抢劫的陈某是该村的五保户，已 76 岁高龄，孤身一人，无儿无女，由于受到极度惊吓，老人言语不清，根本不能描述犯罪嫌疑人的情况。

为此，派出所与刑警大队联合开展侦破工作。从被害老人这里根本得不到任何有价值线索，侦查人员开始对周边群众展开走访工作。经调查，到该村的外来务工人员张某进入了警方的视线。经进一步了解，张某打工期间未得到工资，手上应该没有什么钱，可在案发第二天，张某就到当地商店购买高级香烟及白酒，行为较为反常，嫌疑重大。就在警方欲对张某展开抓捕的时候，被害人陈某因在被抢劫过程中伤势过重，经抢救无效死亡。被害人无辜被抢造成死亡，就更加坚定了警方抓捕犯罪嫌疑人归案的决心。于是，警方围绕张某开展了大量工作，最终在邻县将张某缉拿归案。

经审讯，犯罪嫌疑人供述了整个作案经过。案发当晚，犯罪嫌疑人张某因手里没有零花钱产生了抢劫的念头，由于他在该村居住多年，对当地的环境比较熟悉，他知道被害人陈某孤独一人而且年事已高，没有什么反抗能力，于是他就深夜闯入陈某家中，对其一顿拳打脚踢，并用语言威胁被害人称不拿钱就要命，最后，张某从陈某家中抢走人民币 180 元后仓皇逃窜。张某因涉嫌抢劫罪被该市人民检察院依法批准逮捕。

——参见沈阳警网 2012 年 12 月 5 日

案例二：2012 年 7 月 9 日，以捡破烂为生的 84 岁老汉郭某被人抢走 2 万元现金并受伤。4 小时后，警方就将已经改头换面的嫌疑人高某抓获。

2012 年 7 月 9 日上午 10 时许，郭某来到飞龙东路上的一家邮政储蓄银行，凭存折取出 1 万多元现金后，加上身上的钱，凑成 2 万元，打算第二天存到其他银行。他用一只黑色无纺布袋装好钱后，走出银行。走到该村 4 幢附近的小弄堂时，突然从后面蹿出一个小伙子，伸手就抢老人的黑色布包，老人则死死抓着包不肯松手。小伙子便开始殴打老人，抓住其头连续向地上撞击。经过几番搏斗，老人的手一松，包被小伙子抢走，但他也同时伸手把对方身上的一只男士挎包抢下了。

派出所民警赶到现场查看发现，老人头部、手臂等多处受伤。由于抢劫地点比较偏僻，只有一位住在附近的居民听到老人的呼救。民警了解到，嫌疑人大约 20 岁，身高 1.7 米，头发稍长，上身穿白色 T 恤，下身穿牛仔裤。嫌疑人抢劫目标明确，很可能是在银行就盯上了老人。民警到银行调取监控录像，果然看到，在老人走进银行之前，就有一名男子在银行内转悠。老人取完钱后，这人跟着出了银行，此人穿着白色 T 恤和牛仔裤。

随后，民警又在嫌疑人的包内发现两个钱包，其中有一张身份证和一张暂住证。身份证上的男子姓高，河南人；暂住证上的男子姓董，来自山西。民警发现，这名姓董的男子在 7 月 4 日曾报过案，他在湖塘一家网吧上网时被人偷了一个包，包中有手机、MP3、银行卡、身份证等。河南人高某曾在常州市一家服装厂打工，平时喜欢赌博。

民警进一步调查发现，当天 11 时 59 分，有人用董某的身份证在南大街的汉庭快捷酒店开房，民警赶到时，房内无人，民警从一只塑料袋中发现了 1 万多元现金和郭某的存折，另一塑料袋中是嫌疑人换下的白色 T 恤和牛仔裤。

民警守在宾馆，下午 15 时许，嫌疑人回到宾馆落网。经审讯，嫌疑人为高某，2009 年因盗窃被判刑 1 年 3 个月，出狱后来到常州市一家服装厂打工，后嫌工资太少辞职。7 月 4 日，高某在湖塘一家网吧偷了董某的包；7 月 9 日，他打算拿着董某的暂住证和银行卡去试密码，排队时正好看到郭某在取款，当即产生了尾随抢劫的想法。抢到钱后，高某立即到南大街买了一身新衣服并到酒店开了房，将身上作案时穿的衣服换下。高某又办了一张1000元的美发卡，在店里花了两个多小时剪发、染发，改头换面后回到宾馆准备逃走，被警方发现后抓获。

——参见中国常州网2012年7月11日

案例三：2008年5月至7月，舟山定海接连发生3起针对独居老人的麻醉抢劫案。

2008年5月25日，在定海公园，一个30多岁的外地女子搭讪郑大爷，她自称老家在云南，做的是皮肉生意，郑大爷将她带回自家，准备性交易。事前，郑大爷喝了女子带来的饮料，很快不省人事，醒来后，发现身上现金、价值7500多元的金项链不见了，女子也不知所终。

一位姓许的60岁老人也被人以同样手段，抢走了手机、手表等价值上万元的物品。又一位老人被一女子带到海滨公园东侧草地，喝了饮料后，到第二天早晨5时才醒来，身上2000元现金、戒指、手链等财物被洗劫一空。

经过调查，警方认定是贵州籍刘某等人所为。正准备离开舟山的刘某等3人，被当场抓获，从她们身上搜出麻醉药粉、药剂等。目前，3人已被刑拘。办案民警说，几个受害者都是60岁左右的老年人，独居。

犯罪嫌疑人刘某等人，年纪在40岁上下，她们寻找作案目标的地方，往往是老年人聚集的公园。她们事先观察，看老人是否一个人出行，看他们的装扮，有没有手表、金项链等值钱物品，然后寻机上前搭讪。

民警说，麻醉抢劫案件大多与色诱联系在一起，如果受害者当初能洁身自好，也不会那么容易上当。

——参见《都市快报》2008年11月23日

【警官析案】

根据我国《刑法》的规定，抢劫罪，是指以非法占有为目的，以暴力、胁迫或者其他方法强迫财物所有者或者保管者交出财物或者夺走其财物的行为。《刑法》第二百六十三条规定，以暴力、胁迫或者其他方法抢劫公私财物的，处三年以上十年以下有期徒刑，并处罚金；有下列情形之一的，处十年以上有期徒刑、无期徒刑或者死刑，并处罚金或者没收财产：

（一）入户抢劫的；（二）在公共交通工具上抢劫的；（三）抢劫银行或者其他金融机构的；（四）多次抢劫或者抢劫数额巨大的；（五）抢劫致人重伤、死亡的；（六）冒充军警人员抢劫的；（七）持枪抢劫的；（八）抢劫军用物资或者抢险、救灾、救济物资的。

抢劫未达到刑法规定的定罪量刑情节的，属违反治安管理行为。根据《治安管理处罚法》第四十九条的有关规定，盗窃、诈骗、哄抢、抢夺、敲诈勒索或者故意毁损公私财物的，处五日以上十日以下拘留，可以并处五百元以下罚款；情节较重的，处十日以上十五日以下拘留，可以并处一千元以下罚款。

空巢老人由于子女长期不在身边、独自居住、行动不方便，一些犯罪分子便将他们列为抢劫的作案目标。空巢老人由于年龄、身体方面的原因，一旦遇到这种侵害，很难有效地去阻止，即使阻止也可能给自身带来很大的伤害，得不偿失。因此，空巢老人遇到抢劫的情况要首先保全自身的人身安全，其次才是财物的安全。面对实施抢劫的犯罪分子切记不要像上述案例中的老人一样，与其发生正面冲突，而是要稳定他们的情绪适量地给予其部分财物，事后及时向警察求助。

（二）空巢老人被抢劫案件的预防

【警官举案】

案例一：2011 年 2 月以来，余杭出现三名行为怪异的男子，开着车在街上闲逛。令人奇怪的是，他们不是见到漂亮姑娘停车，而是看到老太太才停车。2 月 17 日，许奶奶等三位老姐妹一起走在镇上，这时一辆黑色轿车从后方驶来。车在她们身旁稍稍停顿了一下后便迅速往前走，然后停在了不远处的三岔路口。当她们走过该岔口时，车里突然跳下三名男子，上前就扇三位老太耳光，一边踢打，一边趁机扯走了三位老太耳朵上的金耳环、手上的金戒指。

2 月 18 日，57 岁的蒋阿姨走过该镇某公司大门时，一辆黑色轿车从她身旁开过，在离她不远的转弯处掉了个头行驶 50 米后停下。车上下来两名男子，从两边抓住蒋阿姨手臂，迅速扯下她耳朵上的一对金耳环后逃离现场，耳环价值 1100 余元。

连续两天发生两起针对老年女性的暴力抢劫案件，警方经过反复查看比对案发地附近的监控录像，发现一辆黑色奔腾轿车有嫌疑。经过查询，该车牌是一辆面包车车牌，据面包车车主反映，车牌已被盗走好几天。通过循迹追踪，警方掌握该车上有 3 名男子，已驾车逃往外省。

一个月后，民警在一旅馆内将三名犯罪嫌疑人张某、胡某和张某某抓获，并在房间里缴获了假警察证、警棍、断丝钳等作案工具以及停在旅馆外面的作案车辆。嫌疑人张某供述，他们认为老年人反抗能力弱，且抢来的金银首饰容易出手。目前，张某等人已被余杭警方依法刑事拘留。

——参见青年时报网 2011 年 3 月 25 日

案例二：一位 81 岁的老人在银行取了一万元钱，他在回到风华路一个小区家门口时，手里拎的购物袋突然被一个男青年抢走，男青年将他推倒后夺路而逃。老人清醒后便来到派出所报案，然而老人对不法分子印象模糊。公安民警根据老人对抢劫者外貌、衣着等特征的模糊表述，开展了案件调查，并通过调取一些录像资料，终于将不法分子刘某抓捕归案。

民警经过对刘某的进一步审讯，又查出了他的某他一些抢劫案件。市公安局侵财案件侦查大队介绍说：我们通过对他家庭和朋友的关系进行深入的引导，他供述了22起案件，总的涉案金额能有10多万元，最大的一起抢了3.8万现金。

案件负责人在接受记者采访时提醒老年人：老年人的自身防范意识比较差，往往注意不到取钱的时候已经被人盯上了。老年人取钱最好找年轻的家人陪同，或者是找警察陪同。

——参见大众网2009年12月15日

案例三：2012年6月2日，沙市区某小学退休老师、61岁的赵某像往常一样，来到东门城墙外护城河边散步，独自一人来到小树林，准备锻炼身体。一辆摩托车悄声无息地停在他的前面，而赵某浑然不知道噩运即将降临。

一把明晃晃的猎刀抵住了赵某的胸口，从摩托车下来的3名男子将赵某迅速包围。惊慌失措的赵某从来没有遇见过这样的场面，第一反应肯定是不想破财，于是脱口而出：“我没钱！你们找错人了。”年轻男子用刀往他左腿外侧捅了一刀，顿时鲜血染红了草坪。

这下，赵某相信这是真的抢劫，只得掏出了手机。不过，劫匪并不甘心只得到这点“战利品”：“这么点东西就想打发我们，赶快把钱拿出来，手机有什么用？当心老子把你捅死丢到河里。”这伙劫匪果然说到做到，他们三人奋力将赵某往河里推。此时的赵某清楚，自己遇到的是一伙丧心病狂的歹徒，只得掏出了钱包，递给了其中一名劫匪。可是，这些歹徒却没有放过赵某的意思，仍然用刀在赵某的身上乱划，并持刀将赵某向护城河边逼去。于是，赵某马上掏出了身上的1000元现金，将钱包丢在地上。不久巡警赶到将劫匪一举擒获。

——参见《荆州晚报》2012年6月6日

【警官析案】

针对空巢老人的抢劫案件多是采用恐吓和暴力的方式，作案人在事前往往尾随老人或者在暗中观察，了解老人财物的携带情况，尤其是在银行及偏僻的街道处，是易于发案的地方。老人到银行独自取钱，事前没有对周围的环境和人员进行观察，携带有大量现金又外露没有做好防护，容易给犯罪分子可乘之机。老人在街道散步聊天，思想上放松，没有警惕意识，女性空巢老人可能随身佩戴一些金银饰品。一些犯罪分子在隐蔽处观察或驾驶交通工具在老人周围活动，伺机作案。老人这时切莫麻痹大意，要及时地觉察出可疑的情况。如若结伴可互相照应，若独自一人且遭到抢劫时，切忌反抗，要记清作案人的相貌特征、衣着特点、驾驶的机动车类型、逃窜的方向，以便及时提供给警方，侦破案件。要沉着冷静，切莫惊慌失措。

【警官支招】

空巢老人被抢劫的案件频发，不仅给老人造成了很大的财产损失，同时，也给老人的身体和心理造成了极大的伤害。公安机关严厉打击这类案件的同时，也需要空巢老人在日常的生活中增强警惕性和预防意识，积极地采取预防措施，以减少抢劫案件给老人的财产和身体造成的损失。

改进和加固住宅自然防范设施，增设非法侵入住宅的障碍，主要是加固房门、窗户，空巢老人由于年龄和身体原因，居住的楼层低，一定要安装防护网、防护栏。同时，安装质量好的防盗门。

提高防范意识，对上门的陌生人要严加盘问，不要随便开门。对老人在不能确保自己的呼叫能够得到邻里的帮助时，切忌盲目呼叫，以免受到犯罪分子的伤害。

不要将底细不明的人随便往家里带，自己的住址、工作单位、电话号码等也不要随便告诉陌生人。

“远亲不如近邻”，不要将自己孤立起来，邻里之间要形成相互照料的良性循环。

对试图与自己表示亲近的陌生人，在无法确认其真实意图的情况下，不要随便接受其提供的饮料、茶水及香烟、食物等物品。

遭到抢劫后，要克服畏惧、恐慌情绪，冷静分析所处的环境，对比双方的力量，针对不同情况采取不同的措施。具备反抗的能力或有利时机，应及时反击制服罪犯，使其丧失继续作案的心理和能力；利用熟悉的地形和身边可以自卫的武器与作案人僵持争取时间，以引来援助者并给作案人造成心理上的压力。

无法与作案人抗衡时，可把握时机向有人、有灯光的地方奔跑或大声呼救；在处于劣势的情况下，要首先保护自己的人身安全不受到伤害，而后及时报警；要注意观察作案人的特征，如身高、年龄、体态，及时向警察提供线索，方便警察破案。

三、空巢老人被诈骗案件与预防

——莫贪小便宜，远离陷阱

近几年，空巢老人受到电信诈骗、非法集资、保健品销售欺诈、封建迷信欺诈等案件侵害的比例明显上升，这类案件具有数量大、发生隐蔽的特点，涉案金额也呈不断上升趋势。同时，随着现代信息网络的发展，一些新型诈骗手段如微信、QQ 聊天、发布虚假中奖信息等案件频发，给空巢老人的财产安全带来极大的侵害。

（一）空巢老人被诈骗的原因和形式

【警官举案】

案例一：近日，事主王某（男，69 岁）报案称，其居所的固定电话接到一个电话，称是其家使用的电解水机公司的工作人员，向其询问电解水机的使用情况，还称赠送的新配件有无送到，王某称没有收到后，对方回复说一会儿来。不久，两名男子来到王某家中，给其家的自来水龙头上装了一只过滤器后，要求其购买过滤水芯，称是优惠价，王某遂向该两名男子买了 15 只（200 元/只），因其钱不够，遂只付了 2800 元。后发觉不对劲，与电解水机公司联系后，该公司的人称无此事，损失总价值 2800 元。事后，警方将犯罪嫌疑人抓获。

案例二：“肖老伯，您儿子也老大不小了，我的女友正好有个贵州籍的小姐妹想落户崇明，您是否考虑一下？”2012 年初，与肖老伯同村的村民季某找上门来，主动为肖老伯年过三十的儿子做媒。

有这等好事肖老伯自然是喜上眉梢。由于家境贫寒，儿子老大不小了却始终讨不上老婆。如果真有外来女青年愿意婚嫁崇明，那是肖老伯最乐意看到的事。见肖老伯信以为真，季某开始编织谎言，以女方来往贵州需要路费，女方爷爷奶奶生病、死亡、置办墓地，女方生病开刀、刀口发炎，需置办嫁妆等为由，在肖老伯从未见过所谓儿子“对象”的情况下，先后 30 余次要求肖老伯将共计 4 万余元的钱款汇入季某指定的三张银行卡上。最终，季某因诈骗罪被判处有期徒刑一年六个月。

犯罪嫌疑人的行骗心理是，要让别人相信，首先要让自己相信。一开始，自己女友确实说起过有个同乡小姐妹。在说媒时，自己仍然相信为肖老伯的儿子介绍对象是真的。正是这种看似真诚的态度，加上同乡同村的身份，让家庭条件清贫的肖老伯相信了骗子的话。也有的行骗者利用老人急于为子女找工作等心理，编造自己有“关系”、有“人脉”等谎言，骗取钱款。

——参见《新闻晚报》2013 年 1 月 14 日

案例三：“姨娘，你不认得我了？”随着一声甜甜的称呼，一位笑容可掬的四十岁左右男子郭某出现在了张老太面前。这么亲热招呼，肯定是自己亲戚了，只是上了年纪自己记忆不好想不起来，张老太一边答应一边在记忆里拼命搜索：“是不是李家的儿子？”张老太凭着记忆猜测。“正是呀！”对方应声附和。一来二去答话，张老太开始深信对方的身份。

接下来，郭某愁眉苦脸，表示自己买香烟缺点钱。既然认定是“李家的儿子”，张老太就放了心：李家与她交情至深，以往关系非常友好，李家也曾有恩于张老太。现在李家儿子暂时缺钱，自己手头上正好有 2000 多元钱不妨就全借给对方吧，日后李家知道了会感激她的。张老太钱刚出手，郭某连声感谢后，转眼间消失得无影无踪。

与张老太有同样遭遇的还有李老汉、姚老太、陈老太、吴老太等，他们都是遇见了早已记不起来的“亲戚”，被骗过程如出一辙：“亲戚”买香烟缺钱，被骗钱款从 150 元至 3000 元不等。

——参见《新闻晚报》2013 年 1 月 14 日

【警官析案】

诈骗罪是指以非法占有为目的，用虚构事实或者隐瞒真相的方法，骗取数额较大的公私财物的行为，诈骗罪侵犯的对象，仅限于国家、集体或个人的财物，而不是骗取其他非法利益。《刑法》第二百六十六条规定，诈骗公私财物，数额较大的，处三年以下有期徒刑、拘役或者管制，并处或者单处罚金；数额巨大或者有其他严重情节的，处三年以上十年以下有期徒刑，并处罚金；数额特别巨大或者有其他特别严重情节的，处十年以上有期徒刑或者无期徒刑，并处罚金或者没收财产。诈骗公私财物，具有下列情形之一的，可以依照刑法第二百六十六条的规定酌情从严惩处：

（一）通过发送短信、拨打电话或者利用互联网、广播电视、报刊杂志等发布虚假信息，对不特定多数人实施诈骗的；

（二）诈骗救灾、抢险、防汛、优抚、扶贫、移民、救济、医疗款物的；

（三）以赈灾募捐名义实施诈骗的；

（四）诈骗残疾人、老年人或者丧失劳动能力人的财物的；

（五）造成被害人自杀、精神失常或者其他严重后果的。

随着社会主义市场经济的发展，人口的流动性增加，特别是社会转型期，外来的闲散人员增多，其中的一部分人将空巢老人作为诈骗案件的作案目标。骗子利用老年人记忆分析能力下降的弱点，运用一些新奇概念巧作说辞，环环相扣，不给考虑的时间，致使老年人一步步落入圈套，进行流动作案。作案的方式十分隐蔽，易于逃避打击，给空巢老人带来财产损失。

从家庭方面来说，根据对全国大中城市的调查显示，老年人空巢家庭已高达56.1%，且空巢期将明显延长。空巢老人平时缺少子女的陪伴，生活十分孤独，缺少家人对其关怀和提醒，自身的防范意识十分薄弱，容易成为诈骗案件的受害群体。

从老人自身的角度来说，据精神卫生专业部门调查，退休后大脑功能退化，造成70%的老年人存在不同程度的心理问题。生活圈子单纯，生理智力减退，身心孤独空虚，使老人们对复杂的社会缺乏足够的防范意识，对新的诈骗技术辨别能力差，有的爱贪图小便宜而上当。并且，积攒了一辈子或退休金较高，不少老人手里有一定存款。还有的老年人由于收入较低及体力衰弱，对钱财的依赖和不安全感日益突出，容易轻信骗子。一些骗子用甜言蜜语的赞美或舌尖嘴利的激将法等方法，致使老年人容易瞒着子女做出不理智的行为，从而成为诈骗案件的作案目标。常见的骗术主要有：

（1）举办保健讲座。商家通过组织老年人参加保健讲座推销药品。每瓶标价数百元的保健品，实际上价值仅十几元。

（2）组织免费旅游。以老龄办、助老工程组织活动的名义打电话，邀请老年人参加免费旅游和义诊，然后租用大客车把老年人送到景点，借机请所谓的“专家”进行现场保健知识讲座，进而推销各类保健药品。

（3）宣传投资项目。为把自己包装成正规公司，一些骗子首先在高档写字楼租下房间，精心装潢，然后虚构“投资项目”到处宣传。老年人来投资咨询时，他们热情接待，并请所谓的分析师“分析”行业背景、利润走向，以高额利息诱骗中老年人加盟投资。一旦老年人投入资金，公司就会人去楼空。

（4）上门维修检测。骗子一般两人，谎称是暖气维修工，受物业公司委托到居民家中检修暖气，然后伺机实施盗窃。也有一些伪装成检测人员或民政工作人员，以检测煤气或办低保的名义，上门实施诈骗或抢劫。

（5）冒充老人子女朋友。骗子谎称自己是被骗老人子女的朋友，能说出其儿子或女儿的姓名、工作单位等情况。取得老人信任后，便谎称家人有病急需用钱，向老人借钱。

（6）掉包分钱。骗子一般在两人以上，骗子甲在匆匆行走时故意掉下一个包，里面装有成捆现金。老人拾到时，骗子乙立即上去要求“见面分一半”。此时甲返回找包，乙见状骗老人说：“你带上捡拾的包，我引开丢包人，为防止你独自带包逃走，必须将身上带的现金或值钱的物品押给我，待丢包人走后再分钱。”两名骗子走后，老人才发现包里的钱是假币。

（7）撞人索赔。骗子一般两人以上，选择衣着比较讲究的老年人。一名骗子身揣包裹匆忙行走与老年人故意相撞，包裹里一般是影碟机、手机、化妆品等易碎品，被撞掉在地上后摔碎。此时，骗子及其同伙马上缠住老年人，要求赔偿一定数额的现金。

（二）空巢老人被诈骗案件的预防

【警官举案】

案例一：2012 年 4 月 17 日，一位老人急匆匆地来到某银行营业部大厅，着急地询问大堂经理朱经理自动查询机在哪儿，他要办理一笔转账业务。见老人神情不对，朱经理引导老人坐下。老人告诉朱经理：他刚才收到一个短信，发信人自称是某银行卡中心的工作人员，告知他的个人客户信息被盗用，并已开了一个信用卡，现已透支，要求他必须立即到银行的查询机上按指定的银行卡存入 8172 元，否则将产生个人不良记录。随后该人又来了两次电话，催促老人按照他指示的操作去做。老人的话引起朱经理的警惕。他告诉老人，其很可能收到的是一个诈骗短信。老人有点不相信，认为对方是银行管理中心的，只让他再开一个户头罢了。正在这时，老人的手机响起，发短信的人又来电话催促了。于是，朱经理接过电话，按照对方提示的步骤在查询机上进行操作。当一个名字出现在查询机上时，朱经理问老人是否认识名字显示的人。只见老人摇了摇头。见老人否定，朱经理立即在电话中告诉对方："我是银行工作人员，你的行为涉嫌诈骗。"对方一听，立即关掉手机。

——参见《辽沈晚报抚顺版》2012 年 4 月 26 日

案例二：独自在国内居住的吴女士听到自己的手机在响。原来是女儿发来的 QQ 信息："妈，有个同学在我这儿放了 6000 英镑，可是她后来有急事回老家去了，现在她和我说最近急需用钱，老妈，你帮我先从国内汇 6 万元人民币过去。"随后，女儿又发了一个手机号码过来，称这是她朋友家的电话号码。吴女士按照电话打了过去，对方的说辞跟女儿一模一样。吴女士相信，去了附近的银行，汇了 6 万元。事后，吴女士打电话给对方，请对方查收后告知一声，却发现对方已经关机。吴女士这才发现被骗。原来，吴女士的女儿QQ账号被盗了。警方通过QQ寻找线索，最终将犯罪嫌疑人蒙某等人抓获。蒙某承认，在此期间，用同种手法共作案5起，非法获利50余万元。对此，警方提醒那些有子女在国外留学定居的空巢老人，有的骗子会注意到时差问题，利用国外的夜间时段对老人行骗。当老人打不通孩子电话时，担心焦虑之下可能会慌张失去理智，这正中骗子下怀。为此，老人平时应留有孩子同行朋友的联系方式，以备不时之需。同时，为了预防诈骗，老人和孩子可提前约定好暗语，如有经济需求时，要通过视频语音双重确认，最好通过电话进行核实和确认。

——参见中国新闻网2012年12月24日

案例三：朱大妈家住某城区。某日下午15时许，她接到一名自称是医保处工作人员的男子打来的电话。

"阿姨，你有没有办理过医保卡?"男子问。"有啊。"朱大妈没多想，随口就应了一句。接下来，男子的话让她大吃一惊："你的医保卡在上海被一次性刷了1.9万多元钱，可能涉嫌犯罪，警方已介入调查。"见朱大妈不相信，男子立即把电话"转接"到"上海市公安局"。一名自称姓朱的"民警"说，医保卡里的钱转入了另一个账户，而这个账户涉嫌贩毒、洗钱，"你的身份信息可能泄露了，请尽快到上海配合我们调查"。

朱大妈表示不方便去上海，并保证自己不可能跟贩毒、洗钱沾边。"如果真跟犯罪团伙搭不上边，请你把名下账户里的钱都转到上海市公安局的安全账户，以协助我们调查。""朱警官"向朱大妈提供了一个账户号码，并嘱咐她不要把此事告诉家人，"免得他们担心"。

某日上午，朱大妈把自己所有银行账户里的钱取了出来，并把45万元钱汇入"朱警官"提供的"安全账户"。汇完钱后，朱大妈觉得有点不对劲，就把这事跟在银行工作的女儿说了。"医保卡怎么可以取那么多现金?"女儿一听就知道是骗局，当即拉着朱大妈去报了警。

余老伯，家住某镇。8月初的一天，他接到一名自称姓陈的男子打来的电话。陈某称自己是上海某证券公司的财务总监，手头有一批“新华龙”公司的原始股票想卖。“陈总监”说，他一共有10万多股股票。“现在每股价格是2.95元，等公司上市后肯定要涨到10元以上，稳赚不赔。”他怂恿余老伯买些股票。

经过一段时间考虑，余老伯决定买2.8万元股票，并把钱汇到“陈总监”指定的账户。虽然“陈总监”没提供任何购买凭证，但不久就派了一名工作人员到义乌回访，这让余老伯十分放心。很快，余老伯又接到“陈总监”打来的电话。“公司马上就要上市了，内部消息显示这只股票的价格要翻四五番，你还要不要再买点?”“陈总监”计算了一会儿说，如果余老伯想再买股票，得先交189390元“暴利税”。

余老伯的女儿也在银行工作，得知父亲要去交这么一大笔“暴利税”吓了一大跳。劝说无果后，她到银行挂失了余老伯的银行存折。可是第二天一早，被“赚钱”冲昏头脑的余老伯就去解封了账户。见一名老人独自来转这么一笔巨款，银行工作人员作了善意提醒。可余老伯嫌对方多事：“如果我的钱亏掉，你负责?”可他把钱汇出后不久，就发现“陈总监”的电话关机了……

——参见向日葵保险网2012年10月25日

【警官析案】

随着社会主义市场经济以及现代通信技术的发展，利用现代通信工具进行电信诈骗的案件逐渐增多，其形式和种类也十分多样。电信诈骗的种类主要有：利用网络诈骗、冒充公职人员、冒充亲属、短信诈骗、电话诈骗等形式。只要平时增强防范意识，了解典型的电信诈骗方式，就能有效地减少损失。

老人不要轻信来路不明的电话或手机短信。不管诈骗分子使用什么样的甜言蜜语、花言巧语，都不要轻易相信天上会掉“馅饼”。遇到来路不明的电话或手机短信，及时挂掉电话，不要回复手机短信，不给诈骗分子进一步设置圈套的机会。

接到来路不明的电话或手机短信时，要固守自己的心理防线。不要因贪图小利而受诈骗分子诱惑。无论什么情况，都不要向对方透露自己和家人身份、存款、账号、银行卡密码等重要信息资料。如有疑问，可拨打110咨询，或向亲戚、朋友、子女求证核实。

老人要了解一些银行卡常识，保证银行卡里的资金安全。接到“让转账”电话时，应当猛然醒悟，停止操作，那肯定是骗子的把戏，请赶快捂紧你的“皮夹子”。因公检法机关办案有严格的程序规定，绝不会通过电话要求转账。

随着现代网络技术和信息技术的发展和普及，一些独居的空巢老人开始利用网络进行交流和娱乐，微信、QQ等聊天工具也逐步为老人所接受。与此同时，老人由于自身知识更新的速度等方面的原因，还不能有效地发现和辨别其中的陷阱。不法分子伺机利用这些现代的网络手段侵害老人的财产，老人往往掉进陷阱。常见的骗术有冒充老人子女与老人聊天，索要钱财；利用微信、QQ向老人提供虚假中奖信息等方式层出不穷。老人既要运用现代的网络及新媒体，同时也要有鉴别力和判断力，尤其是虚拟的网络世界，不要轻信陌生人。如果确实把握不准，可向子女打电话求证或拨打110求助。切莫一时惊慌、不冷静掉进骗子的陷阱。

【警官举案】

案例一：王大妈是在超市购物后遇到的诈骗团伙。诈骗团伙一名女嫌疑人甲先出场并以问路者身份向王大妈打听有没有听说过附近有一名医术高超的“神医”，王大妈回答不知道后，另外一名女嫌疑人乙趁机出场，并声称自己正在让“神医”看病并且知道这个“神医”住在哪里。在当着王大妈吹嘘一通“神医”的高超医术后，甲乙两名嫌疑人相约一起去找“神医”看病消灾，与此同时两名嫌疑人以长见识为由拉着王大妈前去看“神医”到底有多神。在前去看“神医”的路上，两名女犯罪嫌疑人在聊天的过程中套问了王大妈家里的详细情况。在所谓的“神医”家附近，她们碰到了“神医”的家人，而这位家人告诉王大妈她们，经“神医”掐指一算，王大妈的子女或家人将有大祸发生，只有将家中全部值钱的物品和现金拿来经“神医”作法才能免祸消灾。此时，两名女子也在旁边趁机忽悠。于是慌了神的王大妈立刻将家中的7万元现金取回交给骗子。而骗子在得到钱以后，则以施法为借口趁机将王大妈手中的钱调了包。事后，当王大妈检查包钱的包时，发现原来的现金已经变成了废纸。

——参见千龙网2009年11月5日

案例二：赵老汉在楼下散步时，一名操本地口音的中年男子上前跟他搭讪。不一会儿，一个年轻人上前问路，说自己要找的那个人专门收藏古董，他手头正好有东西要卖。中年男子想看看是什么宝贝，赵老汉听说东西很珍贵，也有些心动。在中年男子的一再要求下，年轻人把两人带到偏僻处，从随身携带的包里掏出一对看上去有些陈旧的瓷瓶。“看起来不错，多少钱能卖?”捧着瓷瓶看了又看的中年男子主动提出购买要求。一番讨价还价后，年轻人表示愿意以1万元的价格出售。中年男子挺爽快，请赵老汉帮忙看着宝贝，他回去拿钱。

没过一会儿，中年男子折了回来，他说，先押1000元钱，等专家鉴定真伪后再付全款，同时请赵老汉做“中间人”，帮忙保管钱款。赵老汉见对方这么说，也不好推托，便跟着中年男子拿了其中一个瓷瓶去找专家鉴定。见面后，“专家”拿着放大镜，对着花瓶仔细端详了一番，声称确是古董，可惜只有一只，如果成双的话就值钱了。

得到“专家”的认可后，赵老汉随中年男子离开了。见到年轻人，中年男子便拍板，“这对瓷瓶我买了，等我去银行取钱”。十多分钟仍不见其回来，年轻人觉得中年男子缺乏诚意，便提出愿意把“宝贝”便宜卖给赵老汉。赵老汉一听，立即回家拿出5800元积蓄，买走了瓷瓶。最后回到家仔细一看才发现，这不过是一对毫无收藏价值的普通瓷瓶。

——参见人民网2011年10月19日

【警官析案】

近年来，针对空巢老人的诈骗案件增多，尤其是利用老人的迷信心理、贪财心理进行诈骗的案件多发，给老人带来巨大的财物损失和精神损害。只要老人破除迷信思想，增强防范意识就能有效减少此类案件造成的损失。

老人要谨慎对待陌生人的搭讪，不要轻易将家庭情况告知陌生人；同时，不迷信、不贪财，社会上根本不存在能掐会算的“神医”，遇到有人声称捡到钱财、在工地挖到金银财宝或者文物时要及时报警；如果需要动用家中巨额财物一定要及时告知子女或身边亲属；出现上述情况时，马上打电话核实情况，这样就不会被骗。诈骗案件种类很多，而且手段不断翻新。平时各种报刊都会报道，要多看、多讲、多听，提高防范意识和警觉性。

【警官支招】

随着现代社会的发展，一些集资诈骗的团伙逐渐将目标转移向老年人尤其是空巢老人，瞄准了老人手中的养老钱进行作案，手段和方式日益隐蔽和复杂，需要老人切实提高警惕和防范意识，避免上当受骗，造成财产损失，影响晚年生活。

不法分子看中老年人风险意识不强，容易受到怂恿鼓动的弱点，抓住他们追求健康的心理，以高回报为诱饵，以投资、保健、旅游、环保等名义，以贴身关怀、嘘寒问暖等手段引诱老年人参与其所谓的投资活动，然后卷款而逃。因此，当老年朋友面对高额回报的宣传时，特别需要提高警惕，不要轻信，投资前要和子女或朋友商议，并对公司经营运作情况等进行深入调查分析，提高判断力，增强自我保护意识。

子女平时要尽可能多地关心、关怀老人，过节的时候常回家看看、陪陪老人。同时，社区等也应该想方设法丰富老人的生活，并针对老年人加大预防此类犯罪以及相关法律、法规的宣传。

【警官举案】

案例一：安义县一家保健品商店以“买保健品后的每周一可按所买产品总额的5%返现”为名，大肆进行虚假宣传，后以洗脑、施小利等方式骗走20多名老人6万多元现金。据受害人周某反映，他和老伴听说某县城小区门口有家保健品店，所卖的产品不但能使身体健康，还能在每周一按所买产品总额的5%返还现金。他们觉得这是好事，不管这些保健品有无功效，反正只要过了五个月，这些产品等于是白送，自己又不损失什么。于是申请了会员，并得到了一些保健品。刚开始，店里也会按承诺每周一返还现金，使得购买产品的人越来越多。于是，老两口就咬咬牙，狠下心来，拿出1万余元购买了保健品，加上前期交的钱，总共花掉了1.6万余元。开始，老人还非常庆幸。可到最近，老两口突然发现，那家保健品店人去楼空，这时才知道上当了。据了解，受骗的老人有20多名，涉案总金额6万余元。这些受骗的老人，大都年逾古稀，没有什么文化，防范意识差，就连起码的养老保险都没有。

——参见中广网2012年6月5日

案例二：张某与陈某成立了名为“诚信生物科技有限公司”的保健品诈骗组织，专门以非药品冒充治疗高血压、高血糖、高血脂等的特效药，诱骗老年人高价购买。戚某、刘某等18人陆续加入该组织。随后，该公司下设外联部、销售部、会务部、专家组等部门，各司其职，形成了系统的诈骗流程——由外联部先行到各区县考察，选好场地，随后张某率组织成员抵达该地，再由销售部销售人员以“中国老年健康协会”的工作人员、医生等名义，到大街上向老年人发放邀请函，收集信息，并以电话通知的方式，邀请其到租赁的活动现场听讲座、免费体检，一般活动场地选择在当地宾馆。当老年人到宾馆后，便开始所谓的健康讲座，随后对参会的老年人进行所谓的免费体检。

体检中，体检人员对老人的体检结果进行篡改，随后专家进行夸大诊断，并推荐“301 黄芪总黄酮胶囊”、“藏红花血康宁片”两种所谓的药品，声称是治疗高血压、高血脂、高血糖等疾病的特效药，以进价五倍以上的价格卖给老年人。据查，该团伙分别在四川以及重庆等 17 个区县流窜作案。在某地完成诈骗行为后，组织成员全部离开该地，又转移到另外一地。为了逃避打击和防止被害人找到，张某安排销售人员使用其统一购买的电话号码、使用假名等反侦查措施。共有 82 名老人共计购买“301 黄芪总黄酮胶囊”336. 5 盒，被骗 201219 元，其中有两位老人购买“藏红花血康宁片”24 盒，被骗 14352 元。警方随后破获了这一利用保健药品，诈骗老年人的犯罪团伙。

——参见《重庆日报》2012 年 3 月 27 日

【警官析案】

近段时间以来，一些不法分子利用老年人渴望身体健康的心理，通过各种骗术，销售所谓的“特效保健品”，牟取非法利益，有的甚至销售伪劣“保健品”，不仅无法达到保健的效果，反而会对老年人身心造成伤害。

他们往往利用“赠药”、“免费试用”等促销手段吸引老人。打着高科技的幌子上门推销，老人往往不能辨别真伪，事后既没发票又找不到店铺，最后自认倒霉。打着“名医会诊”旗号，用虚假的检测结果吓唬老人购买、服用保健品。通过“免费旅游”等手段吸引老人，让老人过意不去从而购买产品。采取“会员制”哄骗老人购买保健品。利用老人渴望亲情心理，经常嘘寒问暖，熟悉之后软磨硬泡让老人上当。

一般而言，与药品相比，商家经营的保健食品一般都不存在健康安全方面的问题。商家主要是采取夸大功效、把保健品包装成“药品”骗取消费者高价购买。“天下没有免费的午餐”，一旦遇到推销者提供的各种免费服务的情况，老人应及时和家人沟通或者向有关部门反映，弄清原委；不要轻易相信推销者对保健品的宣传，注意保健品与药品的区别，不要盲目相信保健品的治疗功效，购买保健品也要到正规商店购买。

【警官举案】

案例一：一天早晨，有两个骑着摩托车的陌生男子来到某县华山镇某村的张奶奶家中，这位老奶奶已经八十多岁了，儿子媳妇还有孙子孙女们有的在田里收麦子，有的外出打工，只有晚上，老人才能见到家人。这两个陌生人进到院子里就问老人的儿子在家吗，老人如实相告，说是儿子媳妇都在田里忙活，中午饭都带上了，不回来吃了，晚上才能回家来。这两位男子很放心地坐下和老人拉家常，其中一人跟老人说：他是老人儿子的把兄弟，住在县城，今天是到附近的村子里一位亲戚家喝喜酒，顺道来看看自己的这位兄弟还有老人，张奶奶连忙感谢，老人很热情地倒茶拿烟。闲聊了一会儿，这名男子说时候不早了，该去亲戚家上礼了，去晚了错过吉时不好，就跟张奶奶告辞，然后从包里掏出两张百元大钞塞给老人，说是来得匆忙，没给老人家买东西，很不好意思，这点钱就算给老人买些礼物了。张奶奶万般推辞，接着，这名男子提出一个要求，说让张奶奶帮帮忙，他身上带了些零钱，去喝喜酒封礼不太好看，问张奶奶知不知道家里的钱都放在哪儿，能不能把他的零钱给换成一百元的，送礼显得规整些、体面些。老人说，没问题，她有五千多元私房钱呢，老人颤颤巍巍地去屋里拿钱，这两名男子在院子里把一沓早就准备好的零钱整理好，最后换走老人五千多元钱，之后两人骑摩托车走了。

当天晚上，张奶奶的儿子回来了，老人说起上午有他的两个朋友来家里，还客气地给了两百元钱，让儿子谢谢人家。儿子询问是什么样的两个人，越问越觉得不对劲，他没有什么县城的朋友，老人又说到这两个人让帮忙换钱的事儿，儿子让她把钱拿出来看看，一看傻眼了，五千多元全是假币。

——参见沛县公安网 2012 年 7 月 26 日

案例二：贾大妈在阳光馨园北小区东侧路边早起遛弯时，一辆车停在了面前，车里有两个年轻人。“大娘你不认识我了，我是你儿子的同学。”他们并没下车便和老人攀谈了起来。老人有些纳闷，觉得没有见过这两个人。

可这两个人仍很热情地说：“你儿子让我给办的低保已经办完了，哪天去我那儿拿吧。”见老人有些怀疑，其中一个男子说：“你不信，我给你儿子打个电话。”说着这个男子便拿起了电话打了出去。“我在大街上碰到你妈了，你让我给办的低保我给你办完了。你还惦记着孩子的事，要想治孩子的痣，得用金银首饰擦。你的意思先用你妈的首饰，谢谢啊。”随后这名男子便挂断电话后和贾大妈说，你儿子让先用你的首饰给孩子治病。老人见对方已经和儿子通了话，便将黄金耳环和一枚黄金戒指交给了对方，随后对方开车便离开了现场。

贾大妈琢磨还是有些不对劲儿，便和儿子求证此事，儿子当即否认让人办过事，老人这才恍然大悟方知上当，赶紧向警方报了案。老人的首饰价值 10000 余元。接警后，公安局刑警大队立即开展调查取证，并结合近日周边县区类似案件发案情况进行分析研判，终于确定韩某、梁某有重大作案嫌疑。遂将犯罪嫌疑人韩某、梁某抓获归案。

——参见长城网 2012 年 8 月 29 日

【警官析案】

随着社会主义市场经济的发展，诈骗犯罪已经从城市向农村蔓延，地点主要集中在相对比较落后的农村等边远地区，侵害对象多为女性和留守的中老年人。一般为团伙流窜作案，对社会的危害极大。

(1) 以"消灾"为名实施诈骗。其主要方法是：嫌疑人甲以问路寻找某名医为借口同受害人搭讪，嫌疑人乙趁机上前，自称熟悉该名医并主动带路，甲乙二人合力鼓动受害人一同前往。"顺利"找到装扮成名医的嫌疑人丙，甲乙对丙的"神奇"一番吹捧，之后丙主动与受害人"闲聊"并准确地"看"出受害人的家庭情况，声称其家人近期有"大灾大难"，看在甲乙的情面上愿意帮忙消灾，并告知化解时需受害人准备钱财（言明用完后完整归还）祭神，嫌疑人操作时借机将财物调包。此类诈骗对象多为中老年人。

(2) 以兑换外币为名实施诈骗。其主要方法是：嫌疑人甲主动与受害人搭讪，谎称急需用钱，欲将某种外币兑换成人民币，因怕麻烦请求受害人帮忙。嫌疑人乙趁机上前吹嘘有大利可图，并主动要求兑换，因现钱不够，请受害人帮助凑足余款，事成后分给丰厚"利润"，以假外币或兑换率极低的秘鲁币等蒙骗受害人。

(3) 以买卖古董（玉器、玉佛、铜佛等）为名实施诈骗。其主要方法是：嫌疑人甲主动与受害人搭讪，自称急需用钱，欲出售祖传古董，嫌疑人乙趁机上前"考证"该古董"货真价实"，系无价之宝，随即掏钱购买，因钱不够，向受害人暂借，承诺随后重金酬谢。受害人信以为真，掏钱买得假古董。

【警官支招】

随着社会主义市场经济的发展，一些诈骗团伙采用现代信息技术和通信技术作案，方式更为隐蔽。同时，抓住空巢老人知识更新慢、体弱、独居的特点，将空巢老人选为作案的目标，作案屡屡得手，给老人造成财产损失。老人如果能够增强防范意识，事前做好预防就能有效减少损失发生。

碰到与陌生人主动攀谈的时候，一定要提高警惕，不要随便告诉对方家里人的情况如果对方提出给自己的孩子或者亲属打电话，一定要把电话接过来确认自己的孩子，同自己的孩子确认对方的身份，不要因为面子不好意思问，一定要核实对方的身份。对方提出要钱或者帮助的时候，不要急于把身上的财物交给对方，一定要同家里人商量确认对方的身份，然后再决定。

当老人面对高额回报的宣传时，特别需要提高警惕，不要轻信，投资前要和子女或朋友商议，并对公司经营运作情况等进行深入调查分析，提高判断力，增强自我保护意识。

不迷信、不贪财，社会上根本不存在能掐会算的“神医”，遇到有人声称捡到钱财、在工地挖到金银财宝或者文物时要及时报警，需要动用家中巨额财物一定要及时告知子女或身边亲属。

第三编　自我救助

——靠人不如靠己

一、空巢老人自我急救

二、空巢老人自我照护

老年人有自身独特的生活特点，相对于其他年龄段人群，具备一定的生活常识。但是随着年龄的增长，身体机能和精神状态的下滑，在生活中往往会遇到一些之前不存在的问题，甚至是紧急情况。尤其是空巢老人，子女亲属不在身边，很多事情需要自己亲历亲为，遇有问题只能靠自己决定和解决，无人商量或提供帮助，给自己的老年生活带来很多不便和风险。因此空巢老人对于生活中经常出现的紧急问题、突发情况要进行提前的预防和准备，从而保证自身的生活质量和安全。

一、空巢老人自我急救

——做好准备，救助在于争分夺秒

（一）空巢老人用药不当问题的预防与急救

步入老年，人们的各项生理功能明显衰退，自身免疫能力下降，罹患疾病的机会增多，因此老年人用药的频率及数量比青年人和中年人都高。据统计，65 岁以上老年人的医药费就占到总医药费用的近 1/4，每四个老人中，就有一人同时用药 4 ~6 种，由此造成了很多老年人因用药不当而引发的健康问题。一项调查表明，引起老年人不良反应的药物涉及 10 大类 44 种，其中以抗生素类药品列首位。不良反应分类中以消化系统反应发生率最高。老年患者用药不当的问题：一是因为老年人病情复杂，心、脑、肝、肾等重要器官代谢功能显著减退，清除、中和药物毒性的防御能力下降，对药物的不良反应也增多。二是存在不规律服药、自行购药用药、长期代配药、重复用药等诱因。因此老年人在用药过程中，要掌握一定的用药常识和方法，避免发生因为用药不当而造成的健康问题。如果出现了此类情况，要掌握一定的自我救助方法。

【警官举案】

案例一：73 岁的李某独自居住，患有高血压。平时购药和用药都是靠自己。李某对于自己的病情较为了解，但对于用药方面的知识却很欠缺。一出现高血压的不适症状后，总是求愈心切，大量服用降压药物，甚至成倍加量，并且几种降压药联合吞服。血压大幅度下降的同时，造成了脑部的血流量减少，结果形成了脑血栓，行动越来越不便，给自己的生活带来了严重影响。

案例二：73 岁的张某独自居住，患有多种疾病，每天都需要服用很多药物来维持。由于需要服用的药物种类较多且较复杂，张某经常不记得自己什么时间该吃什么药。即使记得了也经常混淆医生所开的药，有时过量服用甚至误服，导致身体疾病没有得到有效的控制，反而更加恶化。

案例三：某日早上，社区居民刘某一早就接到帮扶对象 79 岁的冯老太的电话，可是对方却不说话，只能听到一些物品敲击的声音。刘某推测冯老太可能发生了什么意外，遂立即联系居委会其他人员，快速赶到冯老太家，可是不管怎么敲门，屋内却无人答应，这让人担心不已。一行人简单商量后，不得已破门而入，发现老人已躺在地上，不省人事。救护车随即将冯老太送往医院。经过一段时间的抢救，冯老太恢复了知觉和意识。经其讲述，自己是早上起来觉得不舒服，就随便吃了一些止疼的药。没想到突然浑身无力，意识逐渐模糊，在还未完全丧失意识的情况下，用手机的快捷键拨通了刘某的电话，自己无法说话，便将桌上的物品打落在地，让刘某警觉。医生检查后说，冯老太是吃药不对症，且服用过多，导致身体发生不良反应，幸好送到医院及时，不然会有生命危险。

【警官析案】

老年人用药不当的问题较为多发，一是由于老年人自身的医疗保健知识有限，尤其是空巢老人，没有其他人提醒或帮助，自己无法了解身体状况。二是由于老年人多为弱势群体，身患疾病，总是不愿就医，认为吃一些药，挺一挺就会好了。从而经常“自以为是”，导致了用药的不当。为避免用药不当问题，老年人用药要遵循下列原则。

一是要避免盲目用药。有些老年人出现精神失落、心情郁闷、沮丧、孤寂、食欲减低、睡眠失调等与疾病无关的问题时，常想利用药物治疗，其实大可不必。老年人有许多不适可以通过生活调理来消除，而且还有许多疾病可以通过社会因素和心理因素的改善来治愈，而不必求助于药物。“是药三分毒”，不要盲目用药，能不用药尽量避免。

二是用药要掌握适应症，只有明确诊断才能对症下药。如果只根据一些表面现象下结论而导致错误用药，只会产生严重的不良反应而导致治疗失败。而对中药的应用则因人而异，一般说来，体质单薄、瘦弱、贫血、气虚的老人，切忌大寒、大凉、发散、峻泻之药；体质肥胖、壮实或高血压、高血脂、高胆固醇的老人，应慎用大温、大热、升提、滋补之药。

三是老年人用药要选择合适剂型。一些老年人体弱多病，一次性用药比较多，且吞药困难的情况下，不宜用片剂、胶囊，可选用液体剂型。老年人胃肠道功能不稳定，不宜服用缓慢释放的药物制剂，否则会因胃肠蠕动快而释放不充分，反之则使释放和吸收量增加而产生毒性。

四是老年人应注意用药方法。患慢性疾病老年人，最好口服药治疗，尽量避免通过静脉点滴和肌肉注射药物。这是因为，老年人的肌肉对药物的吸收能力差，注射后疼痛较为显著且容易形成硬结，因此，应尽量减少注射药物治疗。但如患急性病时还是需要静脉点滴药物治疗。

五是老年人应尽量减少用药种类。用药多是引起药物不良反应的主要因素，在同一时间内用药种类越多，发生副作用的机会就越多，产生一些不良反应的可能性就越大。据统计用一种药的不良反应发生率为10.8%，而同时用6种药时，不良反应发生率可增至27%，所以老年人特别是患慢性器质性疾病的老年人用药种类应尽量少。

六是老年人用药要选择合适剂量。由于老年人肝肾功能减退，对药物代谢能力下降，肾脏的排泄也较慢，所以，老年人用药剂量比青壮年应有所减少，一般认为：60～80岁为成人量的4/5，80岁以上为成人量的1/2。

七是老年人要重视用药后的副作用。老年人是药物不良反应的高发人群，在用药过程中，如出现某些异常症状，应及时停药。对从未用过的药更要特别注意。已引起过副作用，特别是引起过敏反应的药物，决不能再使用。此外还应避免长期用药，以免产生蓄积中毒。老年人患慢性病，一般宜采用临时或短期用药。最容易导致老年人出现不良反应的药物有：利尿药、中枢神经抑制药、解热镇痛抗炎药、抗高血压药、抗生素、抗酸药、强心苷类药物、抗凝血药等。

八是老年人要选择合适用药时间。用药时间的长短应由病情决定，通常应当按“衰其大半而止”的原则，尤其是对毒性较大的药物更是如此。滋补类药物如人参蜂王浆、蜂乳等，适宜在晨起空腹时或夜晚临睡前服。助消化药物宜在饭前十分钟服用，以促进消化液的分泌，充分与食物混合。催眠、缓泻药一般在夜晚临睡前半小时服用。维生素类药物一般在两餐之间服用。抗菌素类药物排泄较快，为了在血液中保持一定浓度，每隔6小时应服药一次。降血压药根据人体生物钟的节律，服降血压药一日三次，分别安排在早上7时、下午3时和晚上7时。早晚两次的药量适当比下午的少，临睡前不可服用降压药。

最后，老年人还应注意不要滥用补药。俗话说：“药补不如食补。”乱吃补药，会带来不少危害。例如，长期大量服用营养补益药，会诱发体内多处骨质增生。作为治疗的辅助措施，适当用一些补剂也是可以的，但必须按医嘱服用。警惕可引发危险的药物副作用，老年人在用药时还要特别慎用肾上腺素、洋地黄类、阿司匹林、苯巴比妥、大黄及青霉素类等药物。老年人对这些药物比较敏感，使用时应酌情减量。由于老年人对药物的排泄慢，易造成药物在体内的蓄积中毒，因此在服用洋地黄类药物时应酌情减量。老年人易患慢性腰背及四肢关节疼痛，长期服用此类药物如保泰松、吲哚美辛、阿司匹林时要慎重。保泰松可引起浮肿和再生障碍性贫血；吲哚美辛可引起眩晕、精神障碍、胃肠出血、胃溃疡等；阿司匹林等解热止痛药可使老年人大量出汗而虚脱。以上药物老年人应避免使用或少用。失眠是老年人常见症状，偶尔服一些苯巴比妥、甲喹酮、甲丙氨酯等安眠药是可以的，但如果长期服用就会形成依赖性，且用量必须逐渐增加才能有效。

【警官支招】

老年人用药，一定要谨慎和科学。对于自身疾病要熟悉了解，对于用药常识要多多学习和补充。医生开完药后，自己可将用药的时间和计量写在纸上，粘贴在明显的位置，用来及时地提醒自己。

一旦出现了用药不当问题，身体会产生一些不适。要及时停药，并前去医院咨询就医。将原有疾病、不良反应和用药情况告知医生，配合医生进行医治。

如果用药之后突发身体不适，意识模糊，四肢无力，要及时和外界取得联系。一是将自己的联系人（子女、亲属、朋友、邻居）的电话设为快捷方式，按一键即能拨通。如果无法说话表达，要尽可能地做出声响，让对方判断警觉，前来救护。二是与周边的邻居或朋友建立起相互探望的关系，这样不仅可以相互了解交流自己的情况，心灵上也不会出现寂寞感和孤独感，同时自己一旦出现了意外，被及时发现和救助的可能性大大提高。三是外出时，随身携带自己的信息卡，包括姓名、身份证号、家人联系电话、地址、血型和自身常见病等。这样如果在家外出现意外可以随时让他人了解自己情况，方便他人对自己的救助。

（二）使用家电设备不慎引发的空巢老人安全问题的急救

随着我国经济的发展，各种家用电器进入千家万户，丰富了我们的生活，为我们带来了的很大方便，但家用电器的使用也存在一定的安全隐患。每年都有因为家用电器的使用不当而引发的伤害事故，如触电、火灾等。空巢老人在独自生活中，如果运用家用电器合理，会给生活带来很大的便利和帮助。但有些时候，老年人由于接受新事物能力、记忆力和动手能力减退等原因，使用家用电器时容易操作不合理，造成用电的安全隐患，甚至对生命构成威胁。使用各种家用电器时应该注意什么问题，一旦出现险情如何处理，空巢老人如何自我急救，值得我们共同关注和研究。

1. 触电事故自我急救

通常人体对微安级的电流感觉不明显，不会对人体造成危害。但随着流经人体电流的增大，人就会有麻木、刺痛的感觉，当电流继续增大，人体肌肉就会产生剧痛并带有肌肉强烈收缩的症状。严重时会导致心率失常，甚至心脏停止跳动，危及生命。

【警官举案】

案例一：某日，张伯伯神色慌张地找到邻居小张，说自己家的电饭锅不能工作，而且外壳带电，自己还被重重地电了一下。经小张检测，发现电饭锅外壳、插座三孔全是“火”。经过仔细检查，发现事故是由于电源零线断线，在插座中将零线插孔和地线插孔用导线短接在一起了，错误地将外壳接地保护接在了零线上引起的。这样在零线断线的情况下，插座上又插有电饭锅，此插座内零线孔和地线孔接在一起，从而使电源火线经电饭锅—插座零接线端—零地短接线使电饭锅的外壳带电。张伯伯触及该电饭锅的外壳，自然被狠狠地电了一下！

案例二：某日，一居民小区内发生了因热水器漏电而导致的触电伤亡事故。经调查，漏电是由于热水器元件老化、电线损坏引起的。“火线”的绝缘外皮老化后，直接与热水器的金属外壳相连，虽然热水器有接地保护，连接到了该楼房的接地总线，但是接地总线由于某次施工原因未与大地连接，致使发生漏电时，无法及时将泄漏电流引入大地，从而造成人员伤亡。

案例三：某日晚上，69岁独自居住的李某，发现自家屋内靠在墙边的电源线有破损的地方，没有引起重视，以为这么多年了都没问题，遂找来胶布简单地缠绕了一下。夜间李某要用“热得快”烧水，热得快放在了电线旁边，在向里面倒水时，不慎溅出水来，水落到了破损的电源线上，迅速出现了湛蓝色的火花，李某受到惊吓，要上前将电线移走，由于电线有水，发生了触电事故。

【警官析案】

家用电器的触电事故可分为与带电部件直接接触和与故障情况下变为带电体的电器金属外壳接触（间接接触）两类。事故发生的统计表明，间接触电是最常见的触电事故。

家用电器中的电冰箱、洗衣机、电风扇、电脑、空调等电器，它们的特点是电源引线采用三脚插头，其中三脚插头中的顶脚与电器的金属外壳相连。我国的电器安全使用规范要求，使用时金属外壳必须接地或接公用零线保护，即所谓的接地保护和接零保护，其作用主要有两个：一是防止电器外壳因故障带电伤人；二是随时导出电器产生的静电，以预防静电打火引起火灾。因此家用电器的接地保护和接零保护可以说是防止人员发生触电事故的“保护伞”。在农村，存在很多违规用电的情况，尤其是对于裸露的电源或电线不够重视，不知其真正的危害程度，一旦操作不当，很容易发生触电事故，让人追悔莫及。

经过总结，以下的几种情况极易发生触电事故：

一是当电气线路出现绝缘老化或破损时，造成电线外漏，火线与地线或零线与地线接触。带金属外壳的电器即会带电，威胁人的生命安全。

二是当电器发生绝缘损坏而造成漏电时，无法将电流导入大地，人体触及金属外壳即会触电。

三是火线与零线接反。由于有些电器只在火线上安装开关或熔断器，当接反时，火线不通过开关直接进入电器线圈，线圈和铁芯之间存在着电容，电容越大，电流通过越容易。铁芯与金属外壳相连，当人体接触时，构成回路，发生触电。

【警官支招】

安全使用家用电器，防止触电事故应该做到以下几点：

一是避免过负荷使用破旧老化的电源线，如果老化严重应及时更换以避免发生意外，同时入户电源总保险与分户保险应配置合理，使之能起到对家用电器的保护作用，需要安装吹风机、电风扇、电冰箱、扩音机等有金属外壳的电气设备，应按规定进行接地，安装和维修时要由电工进行，移动电气设备时一定要先拉闸停电或拔掉电源插头后再移动设备，杜绝带电移动。

二是接临时电源要用合格的电源线、电源插头，插座要安全可靠，损坏的电源线接头要用胶布包好；电源插头、插座应布置在儿童接触不到的地方，老年人在无法独立完成相关电器搬运维修时，要寻求他人帮助。

三是湿手不能触摸带电的家用电器，不能用湿布擦拭使用中的家用电器，修理家用电器时必须先停电源，家用电热设备、暖气设备一定要远离煤气罐，在带电的家用电器上或破旧的电线周围，不能用钢卷尺和夹有金属丝的皮尺、线尺进行测量工作，必须使用规定的电压。

四是如果自己不小心触电，旁边又无人搭救，自身务必镇静自救。在触电的前几秒内，自己的意识尚未模糊，应立即用手抓住电线绝缘层，拉开电线，使自己摆脱触电状态；如果电线或电器固定在墙上，应该立即用脚猛蹬墙壁，同时身体后倒，利用身体重量甩开电源，向外求救。

五是如发现有人触电，应赶快切断电源或用干木棍、干竹竿等绝缘物将电线挑开，使触电者及时脱离电源，切不可用金属物品挑开电线或搭救。如触电者处于精神昏迷，呼吸停止，应立即施行人工呼吸，并马上送医院进行紧急抢救。触电抢救时应注意以下事项：在进行人工呼吸时应避免触电人着凉，如触电人躺在混凝土地上，或其他潮湿的地方，在其身下可垫些毛毯等较为暖和的东西，身上衣服只需解开纽扣，不必脱下，以免着凉。人工呼吸必须连续进行，不可半途中断，造成前功尽弃。只有当触电者开始呼吸后，才可停止人工呼吸。

2. 火灾事故自我救助

【警官举案】

案例一：某日傍晚，83岁的林大娘独自动手烧饭。当她插上电饭煲插头时，插座处突然爆出串串火星，燃着了她的衣服。林大娘一边逃，一边拼命拍打身上的火焰。但由于年迈力衰，无济于事，不久，身上的衣服化为灰烬，还引燃了屋子里的其他东西，顿时房间里浓烟滚滚。10多分钟后，有人路过发觉迅速去救她时，林大娘全身已被烧焦，没等说完事情经过就闭目而去。

案例二：83岁的李某和82岁的老伴周某相依为命，很少使用电器。元旦前夕，有位好心人送给他们一台液化气灶，想让他们过得舒坦些。可惜，这个好心人忽略了教他们怎样安全使用。某日，两位老人试着摆弄灶具，却点不着火，疑惑不解的老人拿了火柴来点火，忽然，一股火苗腾地蹿了上来。二老赶忙拿水泼，用拖把打，火却越烧越旺。好在邻居及时发现，迅速报警，消防官兵赶到扑灭了大火，但屋内已经大面积起火，财产损失惨重。

案例三：某日，80多岁的孙大爷在家中准备洗澡。可是用了12年之久的热水器突然起火，火势在厨房里迅速蔓延。他和老伴十分惊慌，但因年老体弱而又束手无策，只好边向外跑边呼喊求救。好在厨房飘出的浓烟被附近邻居察觉。小区里两位男子发现立即跑来，拿着自家灭火器同时“扫射”，终于把火扑灭。

【警官析案】

家用电器工作时有一部分电能转变为热能，其中电热类家用电器主要是把电能转化为热能。家用电器引发火灾事故，大多是因室内配电线路老化、超负荷、短路、接触不良，或使用假冒伪劣家用电器及放置使用不当等原因所造成的。

居民使用家用电器应该注意消防安全，防止发生火灾。尤其是空巢老人，由于本身消防常识掌握不多，随着年龄的增大，记忆力也有所衰退，使用电器时易发生危险。而且所住房屋很有可能为老旧危房，建筑结构和消防安全设施不足，电器线路老化、损坏问题突出，发生火灾的隐患更大。一旦家用电器使用不当发生火灾，老年人的生理、心理特点决定其逃生和救助的能力相对较低，致死致伤率较高。

【警官支招】

（1）**预防**。为避免家用电器引发火灾事故，应做到以下几点：

①避免用电超负荷。随着家用电器品种的急剧增加，尤其是大功率家电的普及，目前相当多的城乡家庭用电量已经大大超过了线路的安全载流量，即超负荷用电。超负荷用电会导致线路发热，温度过高，达到一定温度时就易引燃周围可燃物。

②正确放置和使用。家用电器要放在无阳光直射的阴凉地方，应当同暖气设备、煤气设备分隔，周围不得有易燃物，并与墙壁保持足够的距离，以保持通风良好。因高温环境会使电气线路绝缘层遭到破坏，特别是电热类电器和照明灯具更应远离可燃物。

③定期除尘避免电器散热不良。家电在使用过程中，周围空气中的尘埃

会通过散热孔跑到电器的内部，时间久了散热孔会被堵塞，电器内部也会积尘过多，导致通风散热不良，从而使电路板发生短路引发火灾。因此，要定期清除家电内外的积尘，使其保持清洁。

④不“带病”使用。要定期检查家电，尤其是电饭锅、电磁炉、微波炉、空调器、电热毯等功率较大电器的功能和状况，尤其是要检查定时、恒温、安全保护装置是否有效。当发现家用电器出现故障后，一定要及时维修，千万不能将就使用，让电器长期“带病”工作。当电器出现异味、冒烟、震动、噪声增大、温度过高等异常情况时，应立即切断电源，并请专业人员维修。

⑤家用电器的保护接地。洗衣机、空调器、电冰箱、金属外壳的落地扇、落地灯、电熨斗、电脑、电饭煲、电炒锅、微波炉、电烤箱等电器，电源引线通常采用三脚插头，通过三孔插座实现保护接地或保护接零。但在日常生活中，常常有些用户将电器三脚插头中间的接地脚弯折以便在两孔插座上使用，导致接地线或接零线无效。这样既容易引起电器故障或保护失效，还容易造成触电事故。

⑥电器发生火灾正确扑救。如果家用电器发生火灾，先要立即切断电源。电视机和电脑等电器起火后，即使已切断电源，也不要泼水，因温度的骤降会使炽热的显像管发生爆炸。正确的扑救方法是用棉被或棉毯将电视机盖住，这样既能有效阻止烟火蔓延，万一电视机爆炸也能挡住炸飞的玻璃碎片。有条件的家庭，最好常备小型手提式干粉灭火器。用干粉灭火器扑救家用电器初期火灾，可以带电灭火，对防止电器火势扩大常常能起到关键性的作用，减少火灾损失。

(2) 逃生。如果已发生火灾，被围困时，应想方设法自救。

第一，楼房起火。

①火势较大时，由于烟雾多在上方，应弯腰或匍匐前进，尽快夺门而出。如果耽误时间太长，防盗门遇热将变形，无法打开。

②若门被封死，楼层较低，身体条件允许的老人可利用阳台或流水管向

下滑。

③被迫跳楼时，先扔下棉被、海绵床垫等物，以便缓冲，然后爬出窗外，手扶窗台向下滑，以降低落下高度。

④如果楼道被烟火封死，应该立即关闭房门和室内通风孔，防止进烟，随后用湿毛巾堵住口鼻，防止吸入毒气，并将身上的衣服弄湿，以免引火烧身。如果楼道中只有烟而没有火，可在头上套一个较大的透明塑料袋，防止烟气刺激眼睛和吸入呼吸道，并采用弯腰的低姿势，逃离烟火区。

⑤发生火灾时，不应乘电梯，因为电梯随时可能发生故障或被火烧坏，应沿防火安全通道朝底楼跑。

⑥正确等待救援，第一时间拨打火警电话，不敢向下滑者，紧闭门窗，减少空气流通，延缓火势蔓延速度。坐在窗台上，向外扔出小东西发出求援信号，或在晚间晃动手电，等待救援。

第二，平房起火。

①如果是睡觉时被烟呛醒应迅速下床俯身冲出房间，不要等穿好衣服才往外跑，此刻时间就是生命。

②如果整个房屋起火，要以匍匐的方式爬到门口，最好拿块湿毛巾捂住口鼻。

③如果被烟火困在屋内，应用水浸湿毯子或被、褥，将其披在身上，尤其要包好头部，用湿毛巾捂住口鼻，做好防护措施后再向外冲，这样受伤的可能性要小得多。

④千万不要趴在床下、桌下或钻到壁橱里躲藏。

⑤不要为抢救家中的贵重物品而冒险返回正在燃烧的房间。

无论是突然起火，还是由于烟熏而察觉到的火情，老年人在自身无法将火扑灭的情况下，一定要牢记生命安全第一，及时逃离危险。

二、空巢老人自我照护

——积累妙招，关键时刻显身手

（一）空巢老人的生活安全

老年人有一个美满、健康、幸福的晚年是大家共同的期愿。在步入老年阶段后，人的身体机能和精神状态不如从前，若身患疾病，生活上更需要他人的照料。在日常的生活行为中，存在很多对老年人的安全造成影响的因素。尤其是空巢老人，子女不在身边，缺少他人的关心和照料，在日常的起居中要格外引起我们的重视。

【警官举案】

案例一：某日傍晚，76 岁的刘某独自居住，其子女带着家人前来看望，用过饭后即回去了。但在此期间，刘某的孙子在屋内玩耍，将地面弄湿。刘某收拾房间时，想节省用电，没有开灯，在光线昏暗的屋内行走，不料走至有水的地面时，突然滑倒，重重地摔了一跤，导致股骨头粉碎，需入院治疗。

案例二：某日下午，69 岁的李某到公园去遛弯锻炼身体，公园内有许多小朋友在玩耍，一些人在玩滑轮。李某边听着广播边散步。这时突然从后面飞驰而来一个玩滑轮的少年，由于后面有人对其追赶打闹，未注意到前方情况，控制不住将李某撞倒。李某被撞倒后觉得尚能移动，在大家的帮助下站了起来。由于李某平时注重锻炼，身体的骨骼和肌肉较为结实，因此此次撞击对其健康未造成严重影响，但也将大家吓出了一身冷汗。

案例三：某日，一路人发现一老人躺在路边，身上有血牙印，疑其被狗咬伤。报案后，发现老人已死。经查，死者为 79 岁的王某，女，为在捡拾破烂途中意外身亡。经初步勘查，死者身上有犬牙状齿痕，后根据现场物证、走访调查，初步判断死者系犬科类动物撕咬导致死亡。经查实，饲养人为66岁的唐某，因其对所养狗未尽到圈养责任造成他人死亡，依据法律有关规定，当地公安部门对养犬人唐某，以涉嫌过失致人死亡依法刑事拘留。

【警官析案】

生活中对老人造成安全威胁的因素有很多，其中跌倒、碰撞伤、动物咬伤、烫伤、刀割伤和异物卡喉等较为常见。

跌倒为老年人最容易发生的伤害事件，经统计70岁以上的老人最容易发生，而且90%发生在室内。其原因多是老人自身协调能力下降，身体机能不如以前，如果遇有路面不平、湿滑陡坡、光线不好等情况，加之自身不注意，就很容易跌倒。老年人不同于年轻人，跌倒后对自身的伤害远大于年轻人，无论是骨骼还是内脏，经受不了剧烈的撞击和震荡，极易导致肢体或器官损伤，为生活带来不便。

碰撞伤多是由他人碰撞老人，由于老年人自身的反应能力不如以前，如遇有突发情况，不能够及时地闪避。而且在当今的社会中，生活节奏加快，很多人心情浮躁、急于赶路，往往顾及不了周边的人和事。老年人自身的节奏慢，在道路上行走时，最容易成为别人粗心大意的受害者。

动物咬伤对于老年人来讲非常致命，由于老年人自身的身体条件所限，遇有凶狠的动物，如狗、蛇等，往往逃跑或躲避不及时，又缺少这方面的安全意识，很容易受致命伤。尤其是农村的空巢老人或拾荒老人，更容易遇到此类危险。农村里饲养狼狗的情况较为多见，空巢老人由于无人陪侍，到外面散步消遣时，较易遇到危险。拾荒老人更是经常在外面风餐露宿，其遇到危险的概率也很高。

其他伤害如烫伤、刀割伤和异物卡喉等的发生，也与老年人自身的行为能力和自我保护意识有关。

【警官支招】

因为老人跌倒的情况最为多见和突出，因此特别提醒：一旦遇到老年人跌倒不要急着将其扶起，因为老年人摔倒有不同的原因。有些情况急于搀扶，不仅不利于急救，还很可能"帮倒忙"。脑供血不足引起的昏厥，应让老年人平卧，如此时将其扶起，反而加重脑部缺血。如发生骨折和脱臼，搀扶又会加剧损伤，尤其是脊椎骨折的老年人，若损及脊髓神经，可引起截瘫。如果脑血管破裂老年人最怕慌乱下的挪动，一旦扶起可能加重病情。

所以老人摔倒时，要先观察其表情、神态，如神志清醒，先询问摔倒的原因，然后给予救护。如是心绞痛发作的老人，可先让其服下急救药，再视情况送往医院。遇老人昏迷或有语言障碍，应立即拨打急救电话。遇到老人呕吐，应将其头部转向一边，以防呕吐物反流入呼吸道引起窒息。搬动老人时，动作宜缓慢、平稳，最好让老人保持平卧。

生活中的危险因素对老年人造成威胁，多和老年人自身身体机能有关。因此，要想根本解决问题，需从加强自身锻炼和防护做起。

一是坚持参加规律性体育锻炼，增强肌肉力量和坚韧性，提高自身平衡能力和灵活程度。同时也应该选择适合自己的锻炼项目，如慢跑、快步走、游泳、太极拳等，而不应该选择运动强度过大、速度过快、竞争激烈的运动项目。要合理地安排好时间，正所谓"冰冻三尺，非一日之寒"，每次锻炼应在半个小时左右，实在有困难，每周锻炼不应该少于 3 次，注意掌握适当的运动量，不可急于求成。

二是从客观上减少对自己构成威胁的因素，如减少夜间出门的次数，遇到道路湿滑、陡坡高地时行走要格外注意。尽量不出现在人多物杂、条件混乱的环境里。得知有危险的环境，如有凶狠动物出现的地方，要尽量避开，万一遇到动物袭击，要善于运用身边的工具进行防卫，同时大声呼救。

三是改变不好的生活习惯，从健康的"衣食住行"开始。穿衣应多穿宽松、保暖的衣物，不要站着穿裤子，防止站不稳时发生跌倒，鞋子要选择防滑的平底鞋；吃饭要改掉年轻时狼吞虎咽的坏习惯，细嚼慢咽才能有助消化，同时避免被异物卡住喉咙；家居最好简单实用，移开对行走有障碍的物体，保持室内光线充足，过道内最好安设把手；出行时注意交通安全，切勿抢红灯，乱穿马路。

（二）空巢老人的居家环境安全

由于自身的生活规律和特点，空巢老人80%的生活时间是在室内。因此，居家生活的舒适性和安全性对空巢老人来讲十分重要，尤其是安全性问题更应该引起重视。老年人对自己的住所相对来说较为熟悉，但是每个家庭的住所中或多或少都存在一定的安全隐患，尤其是对于空巢老人，更应该尽量从源头上消除这些隐患，为自己创造一个舒适、安全的生活环境。其中包括室内装修的安全性、家具摆放的合理性、生活设施的便捷性等。

【警官举案】

案例一：68岁的徐老太独自居住在30平米左右的一居室内。由于平时比较节俭，很多生活物品都有储存的习惯，不舍得扔，但家里空间有限，就经常将物品摆放在家具上面，所以在取东西时经常需要踩在板凳上爬高找东西，而且屋内的家具棱角太多。某日徐老太在登高拿东西时，突然滑倒，背部碰到了桌子的棱角，造成背部肌肉损伤。

案例二：73岁的刘某住进了儿子为他刚装修完的居室，但是房子的设计存在考虑不周全的问题。厨房入口和卫生间入口两个部位，出于清洁和排水考虑，运用了不同材料，因而存在了高度差，即有“门槛”。一日夜间，刘某起夜去厕所，忘记了卫生间的这个高度差，在夜间视线不好的情况下，突然绊倒，摔得较为严重，强忍着疼痛找到电话，求救后被送往医院。

案例三：68岁的李大爷对自己新入住的房子越来越不满意。之前图清静在郊区买的房子，房子选择了跃层结构，本想在这大房子里舒舒服服地享受晚年生活，可是入住后才感到实在不方便，因为楼梯对自己来说实在是个"障碍"，每次都走上走下的，越来越觉得费力。而且如果遇上堵车，从市区到这里要3个小时的车程，儿女们也不能常来，并且居住地多有过境的大型货车经过，车速较快，过路时感觉非常不安全。渐渐地，李大爷开始想念过去的老房子和老邻居。

【警官析案】

适合老年人居住的居室，应从人性化、便捷化和安全化的角度考虑，同时要特别防止意外伤害的发生。对于老年人来说，跌倒、碰撞、煤气中毒等都是较为严重的危险，其中跌倒的发生比例最高。在室内的设计上，要考虑到老人的行动能力开始衰退，头脑反应开始变慢，视力与听觉不如以前等因素。

目前很多老人居住的房屋建设较早，当时由于条件的限制，对待居住空间，尤其是在适应老人居住方面，并没有做细致的推敲，也没有对无障碍设计进行相当的探讨。即使是在当前，涉及老年人居家安全的考虑研究也不够周全和人性化。这些给老年人，尤其是缺少子女照料的空巢老人，带来了诸多不便。老人一旦摔倒，易骨折，恢复慢，会给老人造成身心伤害。

【警官支招】

老年人在生活中，要有自我保护意识，对于居家中的空间利用、家居摆设、室内隐患要有一定的了解。

(1) 在装修的选材上地面最为重要，首先地面宜采用摩擦力大的材料，即使在潮湿的情况下也不易打滑，综合来看地毯是较好的选择之一，地毯的色泽丰富多样，可选择柔和的颜色，走起路来，柔软舒适脚感极好，一点也不滑，即使发生跌倒的情况，地毯还可以起到缓冲的作用，只是地毯容易积

灰尘，为避免藏污纳垢引起疾病，要经常吸尘打扫。如果局部铺设地毯要防止移动或卷边，以免老人跌倒。

（2）室内带有高度差的空间会给老人带来危险。研究表明，高度差超过2厘米就会对行动不便的老人造成影响，虽然有时高度差看似很小，但由于老年人身体机能开始衰退，自身的协调性、灵活性不强，遇有梯级、不平地板、“带槛”地砖等有高度差的地方，极容易被绊倒，造成意外。

（3）室内的摆设，如家具、物品等，切忌拥挤杂乱。由于老年人在室内活动的时间比较多，如果室内家具或物品摆放不合理，会给老年人的活动路线造成障碍。老年人视力和遇到障碍后的反应能力都较年轻人差，对视线前方的障碍物不易发现，一旦疏忽，容易被绊倒。同时住宅内通行空间两侧的家具和墙体上的挂件要避免出现锐利物品，防止被刮伤。混乱的居住环境也会对老人心理产生暗示，情绪烦躁、混乱，不利于身心健康。

（4）家中一些随时要用到的物品，如食品、衣物等，应该摆在老人容易看到和拿到的地方，而不需动用到梯子或凳子等工具，老年人适合比较平稳的生存空间，应该避免“登高俯低”情况的出现。

（5）居室的灯光应该尽量明亮，不要昏暗，老年人由于自身记忆力和视力的下降，对于物体的方位辨别不如从前，尤其是夜间起夜去卫生间，如果灯光不好，很容易被绊倒受伤。

（6）室内的家具不能太轻或容易滑动。因为老人在家里行动时通常喜欢搀扶着家具，万一家具太轻，容易移动，会使老人失去重心，发生意外，而且家具要结实可靠，如椅子的把手、桌子的桌面等这些经常容易被老人支撑的位置。为保证老年人在室内活动的安全性和便捷性，有条件的居室重要部位可加设扶手，供老年人抓扶或支撑身体。如果不方便设置扶手，可利用家具、窗台等形成连续的可供扶助的台面，方便老年人依靠、抓扶。家具的阳角位置最好是圆滑的倒角，同时尽量避免太软的沙发，因为他们坐下后，起身比较困难，对腰部不利。

（三）空巢老人的理财安全

有报告显示，老年人比年轻人更关注理财信息，虽然老年群体大多数是中小客户，但他们人数众多，且有稳定的收入，因此老年人理财市场有着相当大的潜力。空巢老人由于独自居住，生活相对乏味，对于有稳定收入的老人来讲，想将财产增值，进而投资；而对于收入不高的老人，很少有投资的想法，但是难免在别人的劝说或者利润的诱惑下，进入投资市场。那么在金融市场大幅波动、理财产品收益不稳的背景下，老年人理财时，应该如何保障自身的财产安全呢？其实，老年人只要懂得如何规避风险，克服急于求成的浮躁心态，做好产品配置，在确保基本生活的前提下，适当配置稳健型、收益高于银行存款的理财产品，就可以获得不错的投资收益。

【警官举案】

案例一：石某是某贵金属经营有限公司的市场总监，最近他遇到了一位令他不太理解的投资者：有位72岁的杨女士一定要在他们公司开户做黄金T+D（黄金延期交收业务，是一种期货交易模式的业务），不管工作人员怎么劝说风险太高不适合她，她还是铁了心要开户。老人说自己以前做过股票，有一定的投资经验，现在觉得黄金市场不错，就想做黄金，而且子女不在身边，自己也有很多闲暇时间来操作。然而，黄金市场晚上行情大，需要熬夜，对于老人来说也是一个挑战，身体熬不住。果不其然，杨女士在做了一个月后，亏了很多，而且自身的身体状态也有所下滑。

案例二：某年股市暴跌时，65岁的投资者陈某由于受不了行情波动，自己的资金大幅缩水，当时就倒在了证券交易室。被送往医院才得知，陈某的心脏不好，但子女不在身边，自己又喜欢投资股票，前段时间获得了不少收益，很是高兴，就将所有的钱都投入了进去，可没想到股市不稳定，转眼间自己的钱就被套了进去，心脏承受不了就晕倒了，幸好被及时抢救，否则有生命危险。

案例三：已退休的65岁的李大爷经朋友推介得知一个投资项目，对方说年收益率能有20%。李大爷平时在理财投资方面非常谨慎，闲钱大部分存在银行，最多也就投资一小部分到股票、基金，虽然收益低一点，但很放心。这次在如此高的收益率的诱惑下，李大爷最终没能保持一贯的谨慎风格，把自己大部分的存款都投入了这个项目。可没过多久李大爷的朋友就告诉他，这个项目已经被证实为诈骗，李大爷当时就蒙了。因为这笔钱是自己积攒了20多年的养老钱，不仅有自己的，还有老伴的，这下可都打了水漂，连以后养老都成了问题。

【警官析案】

目前市场上针对老年人的理财诈骗伎俩很多，以致很多老年人都“被理财”，最终养老金打水漂。尤其是空巢老人，由于没有子女在身边照料，无人提醒或监护，对于理财和自身财产的保护知识不足，出于对高收益的盲目追逐，盲目理财、跟风理财，稍一不慎，就造成了财产上和身心上的多重损失。

总体来看，很多理财诈骗都是以高收益吸引老年人，实际上却是拆东墙补西墙腾挪资金，最终老年人成为“击鼓传花”游戏的最后一棒。例如，现在很多老年人参与的民间高利贷，年利息动辄20%~30%甚至更高，但一旦非法集资或民间借贷砸盘，不但得不到高利息，还会血本无归，但很多老年人还是抱有侥幸心理；还有一些理财诈骗则是针对老年人不懂各种复杂条款，经常本来是“存款”最终却变成条款复杂的保险或者理财产品；或者还有很多所谓朋友推荐的年收益可达20%以上的“投资项目”，最终却发现所谓的“投资项目”是诈骗；还有一些老年人迷恋炒股，相信所谓的“股神”或者专业投资公司，最终却导致血本无归。

【警官支招】

（1）要加强理财防范意识。老年人在理财时一定要有自我保护意识。对于一些非法分子利用老年人贪图高利的心理，进行非法集资，并声称利率高达20%~30%，引诱入股等情况要有辨别能力。另外，有些老人常碍于面子为他人提供经济担保，把储蓄存单等有价证券借给他人到银行办理小额抵押贷款业务。最后，老人的有价证券被冻结偿还其担保的贷款。因此老年人对自己的财产要谨慎地投资和使用，毕竟是自己多年来的积蓄，来之不易。

（2）要进行有效分散投资。即老年人的理财应该是“多线、分散”的投资。一般认为，风险投资与年龄有关，要遵循“投资100法则”，即60岁老人，适用于投资股票等风险资产的比例应为40%左右，到了70岁应降到30%左右。如老人积蓄不多，必须选择储蓄、国债等稳妥的投资渠道；如积蓄较多，且对股票或基金等高风险投资有一定了解，也可以根据情况适当参与。也有人提议，老年人理想的投资模式应该是按比例组合投资，即所谓“三四三”的投资组合：30%投资股票、基金等高风险产品，40%投资储蓄国债，30%用于应急储蓄。

（3）要因人而异合理投资。老年人的应变能力较差，一般最好不要选择高风险的投资方式，如股市、汇市、房产等。如投资者是保守型、稳健型或心理承受力差的应谨慎投资，可以考虑以储蓄、国债、货币基金或债券基金为主的稳妥投资方式。切不可因为赶时髦，看什么赚钱就是投资什么，不考虑适不适合自己的实际情况，在不充分了解的情况下，盲目“跟风”。

（4）多咨询理财专家意见。老年人由于理财知识缺乏，抵御金融风险的意识相对较弱，获得信息的渠道较少，又面临很多不确定性的风险，加上身体、心理状况相对脆弱，在投资理财的过程中容不得半点闪失。因此，应多听专家的意见，多学习思考，多参加银行和相关金融机构为老年人开设的讲座，得到更加专业化的帮助和指导。

(5) 要合理调整消费支出。进入老年，消费支出会有很大变化，有些支出要适当增加，有些支出可适当削减。日常的消费支出要适当增加，如购买水果、蔬菜等食物，多补充营养，多参加体育活动、社区老年活动等，丰富业余生活。这样健康的生活可以节省不少医药费，达到双赢的效果。但有的费用可以减少，如住房，老人尽量不要自己去购买住房，增加不必要的还款负担。可以让子女们自己去买房，哪怕“赞助”他们一部分。

(6) 应进行适当的健康投资。老年人身体健康十分重要，对不可预测疾病的发生，要做好先期投入。购买保险既可增加风险抵抗力，也能减轻经济压力。目前，保险公司可供中老年人选择的保险品种非常有限，一般投保年龄都限制在65周岁以下，而养老、重大疾病险则将年龄限制在60周岁以下。因此，就要寻找专为中老年人设计的保险。目前老年险主要有两种：一种是老年人意外伤害保险，另一种是长期寿险产品，老年人可根据自己的实际情况购买。

(四) 空巢老人的法律维权安全

老年人是社会上的特殊群体，也是弱势群体，在当今社会，随着时代的发展，老年人的社会地位、自身权利和身份认同都在经受着各种考验。空巢老人作为一个更加弱势的群体，其自身的各项权利更需要社会的保护。但现实中，由于空巢老年人劳动能力丧失，社会活动能力下降，接触社会的范围缩小，经济收入明显减少，体力、智力、精力和财力都不断地衰弱，各项合法权益极易遭受侵犯，很多权利无法得到应有的伸张，如住房权、赡养权、财产权、婚姻权、人身权等，而且当合法权益遭受侵害时，往往不知所措，求助无门。那么，空巢老人应该如何维护自身的合法权益呢?

【警官举案】

案例一：某村72岁的王某独自生活，老实本分；膝下一子，生活在同一村。王某由于身体不好，已丧失劳动能力，可是儿子不但不加以照料，而且平时王某向儿子要赡养费时，儿子对他非打即骂，给王某的老年生活蒙上了很大的阴影。然而，由于王某思想保守，法律意识不强，认为这是自己的家事，儿子现在这样是自己没有管好，没有办法，不知诉诸法律解决问题。直至邻居实在看不过去，帮其找了律师讨说法，儿子才不得已提供赡养费。

案例二：71岁的刘某和老伴独自生活，两个儿子每月给他们200多元生活费，但是却拒绝承担他们看病的费用。现在他和老伴是医院的常客，但医疗费成了难题，他几次准备和儿子打官司，都因为付不起律师费和案件受理费而罢手。这位老人根本不知道如何到法律援助中心申请法律援助，也不知道向法院申请缓交或者免交律师费。

案例三：65岁的华先生，老伴多年前去世，他一直独自居住。随着岁数的增长，他希望找个老伴一起度过余生，双方可以互相照应。华老先生就找了个机会和自己儿子进行了沟通。令华老先生没想到的是，儿子一听到他想再婚，立即就带着妻子、儿子回家来往。表面上，儿子害怕父亲孤独，实际上儿子是不想让外人分割父亲的房产。为此，华老先生多次希望儿子回自己家住，但儿子就是不同意。父子俩吵过多次，可儿子就是赖着不走。无奈之下，华老先生将儿子告上法院为自己维权。可是没有过多久他就主动撤诉了。原因很简单，因为华老先生最终考虑了自己的现实情况，虽然他有一儿一女，但女儿家境也不好，没有能力照顾自己。今后自己身体不好，只能由儿子照顾。“如果真闹翻了，最终的受害者还是我自己。”

【警官析案】

空巢老人自身合法权益难以维护，主要是因为缺乏自我保护的法律意识，以及自身的困难导致一些情况不能及时处理。有的老年人不知道自己享有哪些合法权利，更不懂得如何去维护。当合法权利受到侵害时，多数不愿意诉诸法律，怕家丑外扬。同时，老年人是社会的弱者，在用法律维护自身权益时，有许多自身难以克服的困难：体力上的困难，有些老年人体弱多病，行动不便，不能按时到庭，证据有时甚至被被告强行抢走和毁灭；经济上的困难，有些老年人没有经济收入来源，按一般诉讼程序请不起律师和交付诉讼费，尤其是赡养案件中的老年人就是因为被逼到生活难以维持才进行诉讼，根本没有能力支付诉讼费；文化和法律知识上的困难，老年人文化程度普遍偏低，所了解的法律知识有限，不懂得如何取证、举证，直接影响诉讼结果。

【警官支招】

空巢老人的自身合法权益受到侵害时，要想到拿起法律的武器来保护自己。

（1）住房权。《老年人权益保障法》（2012 年修订，2013 年 7 月 1 日实施）第十六条规定：“赡养人应当妥善安排老年人的住房，不得强迫老年人居住或者迁居条件低劣的房屋。老年人自有的或者承租的住房，子女或者其他亲属不得侵占，不得擅自改变产权关系或者租赁关系。老年人自有的住房，赡养人有维修的义务。”也就是说，有赡养义务的子女应为老人提供良好的住房条件，如果老人自己有房，子女不得违法侵占，房子如果不经过老人同意，永远是属于老人的。

（2）赡养权。《老年人权益保障法》第十四条第一款规定：“赡养人应当履行对老年人经济上供养、生活上照料和精神上慰藉的义务，照顾老年人的特殊需要。”因此，作为有赡养义务的子女，老年人有权要求其对自己进行赡养，这是法律赋予老年人的应有权利。

（3）财产权。《老年人权益保障法》第二十二条第一款规定：“老年人对个人的财产，依法享有占有、使用、收益和处分的权利，子女或者其他亲属不得干涉，不得以窃取、骗取、强行索取等方式侵犯老年人的财产权益。”老人有权支配自己的财产，不受子女或其他人的非法或恶意的影响。

(4) 婚姻权。《老年人权益保障法》第二十一条规定：“老年人的婚姻自由受法律保护。子女或者其他亲属不得干涉老年人离婚、再婚及婚后的生活。赡养人的赡养义务不因老年人的婚姻关系变化而消除。”老年人的婚姻问题往往涉及子女对财产的分割。实际中，可以考虑婚前约定或者采取立遗嘱的方式，将自身的财产划分明了，避免因为财产问题而引发的与子女间的分歧。而子女也应该体谅老人，为老人的幸福考虑。

(5) 人身权。《老年人权益保障法》第七十五条规定：“干涉老年人婚姻自由，对老年人负有赡养义务、扶养义务而拒绝赡养、扶养，虐待老年人或者对老年人实施家庭暴力的，由有关单位给予批评教育；构成违反治安管理行为的，依法给予治安管理处罚；构成犯罪的，依法追究刑事责任。”第七十七条规定：“侮辱、诽谤老年人，构成违反治安管理行为的，依法给予治安管理处罚；构成犯罪的，依法追究刑事责任。”也就是说，老人的人身安全和名誉安全均受到法律的严格保护，任何人，尤其是子女打骂老人更被法律所禁止。

第四编　遵纪守法　身心健康

——认清价值，愉悦人生

一、空巢老人嫖娼案件与预防

——抵制行为的“出轨”

【警官举案】

广西警方捣毁卖淫窝点　嫖娼者多是空巢老人

2011年8月18日下午1时许，一名群众报案称：在广西桂平市南木镇南木村麻荒岭的一个果园内，有人组织卖淫嫖娼。这个窝点距离南木街只有一公里左右，很隐秘：四周有树包围，外人不进到果园，根本无法发现。南木派出所的民警立即采取行动，将该果园团团包围。在果园内用水泥砖、石棉瓦搭起的两间简易房间里，民警当场抓获卖淫妇女6人、嫖客7人，其中3对男女被抓了现行。卖淫女中，一人29岁，一人37岁，一人47岁，剩余的皆为老年妇女。果园主人黄某，被警方以涉嫌容留妇女卖淫罪刑事拘留。在经桂平市人民检察院批准后，黄某被逮捕，后又变更为监视居住。据黄某供述，在2009年底，他经一个老汉介绍，认识了40多岁的妇女汪某。汪某以前在南木镇以结婚的形式，骗一些单身老人的钱用。据黄某交代，他的“生意”主要是在南木圩日做的。每隔两天，附近农村的人赶圩，他的“生意”一般从上午10时开始，至下午4时左右。圩散了，皮肉交易也结束了。来嫖娼者则多是附近农村的老人，一般是在赶圩途中被卖淫女招嫖。据办案人员介绍，来光顾该淫窝的老人，基本上是农村的空巢老人。子女们常年在外打工，加上农村老年人精神生活的空虚，往往挡不住卖淫女的诱惑。2011年11月18日，桂平市人民检察院以黄某涉嫌容留妇女卖淫罪审查起诉。

——参见广西新闻网2010年11月22日

【警官析案】

安享“性”福是老年人的正当权利，国家依法保障老年人的合法权益。随着我国经济、社会、医疗卫生等事业的快速、健康发展，老年人的生活标准与质量不断提高，老年人的身体条件也越来越好，有性生活的需求是很正常的生理和心理需要，不是什么丑事和坏事。对老年人来说，性生活不可以没有，性欲望也不应该断绝。一些保健节目或者社区宣传，介绍老年人的性生活和性和谐问题。美国著名性学专家斯塔尔·韦纳和布莱彻分别通过《关于老年人性问题报告》和《老年人的爱与性》一书，也提出老年人有正常的性需求和性行为，这为人们了解60岁以上老人的性行为和性态度提供了新视角。但是，老年人的“性”福应当通过合法的行为获得，而不应该通过嫖娼等违法的行为。卖淫嫖娼是社会丑恶现象之一，它滋长好逸恶劳甚至不劳而获的恶习，败坏社会主义道德风尚；它损害卖淫者的身体和人格，传播性病、艾滋病，败坏社会风气，诱发其他违法犯罪。

【警官举案】

78岁的董某退休前是一所大学的教授，夫妻俩情深意笃，夫妻生活一向美满。临近退休前两年，妻子因乳腺癌去世。好心人劝他再找个老伴，他因对亡妻爱得太深，无法接受别的女性而婉言谢绝。儿子举家定居海外，董某考虑自己不适应国外的生活而不肯出国。退休之后，每回到冷清的家里，都感觉自己陷入了苦闷的漩涡。他一生治学，不善交际，朋友不多，交际圈狭小，退休生活显得枯燥单调，百无聊赖的日子让董某寂寞难耐。一次偶然的机会，他与一个朋友聊天得知哪个地方有“野鸡”、哪个地段有“小姐”等信息。他有了一种奇妙的心理，隔三岔五地一个人到公园、湖边等僻静处溜达，渴望寻找一些新奇刺激。一天，董某散步到车站附近，一个四十岁左右的女人不断地向他抛媚眼，“老同志，过来快乐一下嘛！”董某感到久违的冲动。经讨价还价，两人商定100元“快乐”一次。正当董某与卖淫女“陶醉”之时，派出所民警接到举报将他们抓了个现行。

——参见《检察风云》2011年第17期

【警官析案】

在我国，公安机关不断加大严厉打击涉及性方面违法犯罪的力度，性犯罪呈下降趋势，但是老年人的性违法犯罪却在上升。上述案例也从一个侧面说明了老年人性违法犯罪问题的突出，尤其是空巢老人在性违法犯罪方面更是严重，嫖娼的新闻不时见诸报章。在公园、广场甚至街头和养老院，都有针对老年人的“流莺”在活动，一些发廊暗设按摩室，其目标群体也是消费能力较弱的包括空巢老人在内的老年人群体。空巢老人嫖娼问题严重的主要原因有以下方面：

第一，老人的寿命不断延长，身体条件也越来越好，性需求虽有所弱化，但因个体差异而存在不同程度的性需求。有研究发现，健康的老年人甚至还能产生充满活力的精子，著名画家毕加索在90岁时还生了个儿子就是最好的证明。

第二，子女因工作、学习、结婚等原因而离家后，独守空巢的老人在心理上发生变化，有被社会忽视或遗忘的感觉。有些空巢老人为此心情郁闷、沮丧、孤寂，一些还有性需要的空巢老人，就把视线投向了那些失足妇女。

第三，由于男女生理条件的差异，女性绝经后有可能出现性欲衰退，而男性性欲衰退一般较女性慢，所以有的因为老年夫妻间性生活不和谐而导致男性出轨。

第四，空巢老人嫖娼不仅体现了他们对性的单纯需求，更体现了他们需要异性的沟通交流。

第五，空巢老人的人生观发生了变化，有的觉得反正老了，不如在有生之年去纵情享受，尤其是经济条件越来越好，而金钱对他们而言已经意义不大，只要开心，他们就舍得花钱。

第六，受传统观念影响，社会和家庭漠视老人正常的性需求，没有把性认为是老年人生活的重要部分，也没有把性当成对老年人关爱的重要内容之一。

【警官举案】

老刘退休前是高级工程技术人员，退休后兼任一家公司的技术顾问，报酬丰厚。可是，令他苦恼的是他与妻子性生活极不和谐。退休前因为工作压力大，对性生活也没有什么特别要求。退休后，工作压力小了，更没有生活压力，性欲要求变得强烈起来，而妻子自绝经后性欲不断衰退，怪他老不正经。一天晚上 19 时许，在经过一家足疗店时，两个小妹站在店门口，问他“要不要进来玩一玩?”见他犹豫，小妹把他拉进店。经不住诱惑的他以 100 元的价格和小妹谈妥，但店里“密室”的环境让他感到压抑。想到半个月前妻子到女儿家帮带外孙，就以 150 元的价格将小妹阿英带到自己家里。自此之后，老刘的麻烦接踵而至！四天后老刘买菜回家，在楼道口被阿英叫住，阿英以怀孕为由向老刘要了 1600 元。一周后的傍晚，阿英又来敲门要“营养费”，老刘无奈又给了 1000 元。两个月来阿英以同样的方式共向老刘要了 8000 多元。除了经济上的损失，老刘还承受了巨大的精神压力！既愧对妻子，又担心阿英不知道什么时候又来要钱，每天是吃不好睡不好！

——参见《检察风云》2011 年第 17 期

【警官析案】

在我国，老年人的经济条件越来越好。在物质生活丰富的同时，老年人的“性”福相对不足，精神生活也相对欠缺。由于男女身体条件的差异，女性的性欲望衰退得较快，而男性则较慢，或者老伴去世，子女们常年在外打工，加上老年人精神生活的空虚，往往挡不住失足妇女的诱惑。上述案例中的老刘就属于此种情况。卖淫女看中了老年人经济条件丰厚而性生活不和谐的情况，将卖淫对象或重点锁在老人尤其是空巢老人身上。根据中新网台州2010年12月16日报道，浙江临海两七旬老人拉皮条，专门招揽空巢老人嫖娼。

老年人由于身体状况不断弱化，使他们也成为弱势群体。一些不法分子利用老年人的“性”，不断对其进行勒索。而老年人由于担心家庭和面子，也不敢用法律的武器来保护自己。所以才出现了上述案例中老刘被多次勒索达8000多元的恶果！

【警官支招】

夕阳红喻指人晚年生活的美好，老年人也因生命的成熟而愈显情操高尚，成为晚辈学习的楷模。而空巢老人嫖娼，这种“夕阳风流”行为，使夕阳光辉之下也略有微瑕。人们在谴责空巢老人嫖娼的同时，更应该正视与关注空巢老人正常、合理的性需求。

不仅仅是老人自己要打消顾虑，还要呼吁社会与家庭正确对待老人的性需求，关注独身老人的社会交往与再择偶要求。养老机构和婚姻中介也要更多地关注为老年人提供鹊桥服务，帮助合适的孤寡老人组建新的家庭。老年人要摆脱衰老心理、羞耻心理、恐惧心理、禁欲心理等不良心态的影响，使自己的性生活和谐愉悦，充分享受晚年的“性”福生活。

在老人的生活特别是在性生活问题上，老人要从思想上摆脱受传统文化影响，与不在身边的子女建立良好的家庭关系，减轻对子女的依恋。作为儿女，要体贴、关心和呵护老人的生活。鼓励父母平时多与身边的老人联络沟通，包括与异性老人交往沟通。如果确实有需要，就找一个志同道合的伴侣过幸福晚年，不要去找失足女子，更不要利用自己的空房为失足女提供卖淫的场地，那样会很危险，有可能会违法犯罪！

老人还应注意情绪的自我调节，消除忧虑，排除烦恼，保持乐观情绪，使自己保持良好的心态。可以参加登山、唱歌、跳舞和练习书法等文体活动，令身心更加愉快、健康。这样不仅有益于老人的身心健康，使家庭更和睦、稳定、幸福，而且还可达到益寿延年的养生功效。

最后，老人也应该寻找一些能引起自己兴趣的公共事务，保持事业心，对工作充满热情，充实自身的精神生活。国家和社会在注重养老院建设、物质优待等的同时，更应该采取有力举措，丰富老人们的精神文化生活，实现“精神养老”，减少老年人的孤独感。孤独可以削弱人体免疫系统，使人体血压上升、压力增大，还有造成抑郁症的危险。

【警官说法】

我国《刑法》和《治安管理处罚法》等法律规范都有关于卖淫嫖娼方面的禁止性规定。《刑法》第六章第八节专节规定“组织、强迫、引诱、容留、介绍卖淫罪”：

第三百五十八条：组织他人卖淫或者强迫他人卖淫的，处五年以上十年以下有期徒刑，并处罚金；有下列情形之一的，处十年以上有期徒刑或者无期徒刑，并处罚金或者没收财产：

（一）组织他人卖淫，情节严重的；

（二）强迫不满十四周岁的幼女卖淫的；

（三）强迫多人卖淫或者多次强迫他人卖淫的；

（四）强奸后迫使卖淫的；

（五）造成被强迫卖淫的人重伤、死亡或者其他严重后果的。

有前款所列情形之一，情节特别严重的，处无期徒刑或者死刑，并处没收财产。

协助组织他人卖淫行为的，处五年以下有期徒刑，并处罚金；情节严重的，处五年以上十年以下有期徒刑，并处罚金。

第三百五十九条：引诱、容留、介绍他人卖淫的，处五年以下有期徒刑、拘役或者管制，并处罚金；情节严重的，处五年以上有期徒刑，并处罚金。

引诱不满十四周岁的幼女卖淫的，处五年以上有期徒刑，并处罚金。

第三百六十条：明知自己患有梅毒、淋病等严重性病卖淫、嫖娼的，处五年以下有期徒刑、拘役或者管制，并处罚金。

嫖宿不满十四周岁的幼女的，处五年以上有期徒刑，并处罚金。

第三百六十一条：旅馆业、饮食服务业、文化娱乐业、出租汽车业等单位的人员，利用本单位的条件，组织、强迫、引诱、容留、介绍他人卖淫的，依照本法第三百五十八条、第三百五十九条的规定定罪处罚。

前款所列单位的主要负责人，犯前款罪的，从重处罚。

第三百六十二条：旅馆业、饮食服务业、文化娱乐业、出租汽车业等单位的人员，在公安机关查处卖淫、嫖娼活动时，为违法犯罪分子通风报信，情节严重的，依照本法第三百一十条的规定定罪处罚。

《治安管理处罚法》规范尚不够刑事处罚而扰乱公共秩序，妨害公共安全，侵犯人身权利、财产权利，妨害社会管理，具有社会危害性的行为。在规范卖淫嫖娼方面的条款主要有：

第六十六条：卖淫、嫖娼的，处十日以上十五日以下拘留，可以并处五千元以下罚款；情节较轻的，处五日以下拘留或者五百元以下罚款。

在公共场所拉客招嫖的，处五日以下拘留或者五百元以下罚款。

第六十七条：引诱、容留、介绍他人卖淫的，处十日以上十五日以下拘留，可以并处五千元以下罚款；情节较轻的，处五日以下拘留或者五百元以下罚款。

第七十四条：旅馆业、饮食服务业、文化娱乐业、出租汽车业等单位的人员，在公安机关查处吸毒、赌博、卖淫、嫖娼活动时，为违法犯罪行为人通风报信的，处十日以上十五日以下拘留。

二、空巢老人加入邪教案件与预防

——保护思想安全

邪教是一种传染性极强的“社会瘟疫”，它具有反科学、反人类、反社会的邪恶本质。最高人民法院、最高人民检察院《关于办理组织和利用邪教组织犯罪案件具体应用法律若干问题的解释》规定，邪教组织，指冒用宗教、气功或者其他名义建立，神化首要分子，利用制造、散布迷信邪说等手段蛊惑、蒙骗他人，发展、控制成员，危害社会的非法组织。邪教组织最本质的特点是，绝对或神化了教主崇拜，自称有超自然力量的教主；宣扬具体的末世论，打着拯救人类的幌子，散布迷信邪说，编造并极化歪理邪说；用蛊惑、蒙骗的手段发展成员，对信徒实行精神控制和摧残；不择手段地聚敛钱财满足私欲；秘密营私，利用包括恐怖暴力在内的各种手段危害社会。

邪教对国家、社会、家庭和个人具有极为严重的危害，其中对空巢老人的危害主要表现在以下四个方面：

（1）残害老人生命。邪教组织在传播过程中，不断散布歪理邪说：鼓吹“信教能治病，不用打针吃药”，很多空巢老人因此耽误了治疗的最佳时机，而使病情恶化甚至失去生命。有的邪教宣传凡是有病都是魔鬼缠身，只要将魔鬼驱逐，病自然就好。在此基础上，大搞驱魔治病，手段残忍狠毒，使老人受尽折磨，有的老人不堪忍受又不敢报警从而导致精神错乱，杀人、自杀的现象比比皆是。

（2）骗取老人钱财。邪教组织最主要的目的之一就是骗取钱财，以供教主或者其他头目挥霍享受或非法传教。有的邪教组织宣传“世界末日论”，鼓吹只有信教才能生存，欺骗老人交出全部财产；有的邪教组织散布“灾难论”，鼓吹只有用钱财才能换得生命，借此欺骗老人，疯狂敛财，很多空巢老人加入邪教组织以后都人财两空。

(3) 破坏老人正常的生活秩序。邪教组织的歪理邪说，欺骗误导老人抛弃家庭，外出传教，造成了非常严重的现实破坏。有的邪教组织鼓吹“传教，将来可进天国”，造成很多老人离家出走，给家庭成员造成巨大痛苦；有的邪教组织鼓吹“信教，每天都赐福粮、生命粮”，不用吃日常的粮食，对老人自身的人身健康、人身安全带来巨大的隐患。

(4) 煽动老人进行违法犯罪活动，危害社会。邪教组织往往使用欺骗、色情勾引、恐吓、非法拘禁等手段吸纳老人加入邪教，扩充组织。有的邪教组织，组织成员进行杀人和绑架活动，以控制成员的忠诚度；有的邪教组织，组织成员奸淫玩弄妇女，严重摧残妇女的身心健康。

(5) 煽动老人危害国家政权。邪教组织不断在人民群众中制造矛盾和纠纷，煽动老人闹事，围攻党政机关。有的邪教组织声称要“先夺民心，后夺政权”，直接危及党的执政地位和国家政权，如“实际神”公开叫嚣要灭绝“大红龙”，声称：中国共产党就是大红龙，大红龙是魔鬼，终有一天上帝要征服中国；有的邪教组织煽动信徒以暴力公开对抗政府，如“全范围教会”谩骂党和政府是“魔鬼”、“仇敌”、“红衣怪兽”，煽动老人“与那些执掌政权的恶魔进行圣战”。

空巢老人参与及组织邪教活动的法律适用：(1)《刑法》第三百条规定：“组织和利用会道门、邪教组织或者利用迷信破坏国家法律、行政法规实施的，处三年以上七年以下有期徒刑；情节特别严重的，处七年以上有期徒刑。组织和利用会道门、邪教组织或者利用迷信蒙骗他人，致人死亡的，依照前款的规定处罚。组织和利用会道门、邪教组织或者利用迷信奸淫妇女、诈骗财物的，分别依照本刑法第二百三十六条、第二百六十六条的规定定罪处罚。”(2)《治安管理处罚法》第二十七条规定：有下列行为之一的，处十日以上十五日以下拘留，可以并处一千元以下罚款；情节较轻的，处五日以上十日以下拘留，可以并处五百元以下罚款：（一）组织、教唆、胁迫、诱骗、煽动他人从事邪教、会道门活动或者利用邪教、会道门、迷信活动，扰乱社会秩序、损害他人身体健康的；（二）冒用宗教、气功名义进行扰乱社会秩序、损害他人身体健康活动的。

此外，邪教活动违反我国《集会游行示威法》《未成年人保护法》《社会团体登记管理条例》等法律法规的，也要承担相应的法律责任。针对邪教的宣传、蛊惑或者其他行为，老人发现后可以在任何时间拨打 610 或者 110 电话进行检举和揭发。

通过媒体可以经常看到或者听到空巢老人被骗误入邪教的消息，根据调查资料的数据统计，邪教组织发展成员和聚敛钱财大都把空巢老人作为主要目标，究其原因，有以下几种：

1. **精神空虚、信仰缺失加入邪教的案件**

【警官举案】

案例一：65 岁的空巢老人李某退休后和老伴一起生活，由于子女都不在身边，他和老伴经常无所事事。某日李某在广场散步，遇到“全能神”教徒宣扬“世界末日论”，分发宣传资料。李某旁听“全能神”教徒的鼓吹后，逐渐开始信仰“全能神”并加入了该组织。经过几个月的宣传，李某发展了另外两位 60 多岁的老太王某与赵某为成员，3 人对“全能神”深信不疑。某日受“全能神”上级组织人员的指使，到公共场所散发邪教资料，宣传邪教的歪理邪说，鼓吹“地球毁灭”的谣言，被人民群众举报，公安机关赶到现场后，将正在传播邪教的李某、王某、赵某当场抓获，搜缴了大量邪教所炮制的传单、书籍等非法资料。

案例二：某日，某市公安局根据群众举报，在某小区一处公寓内取缔了一门徒会邪教组织的聚会点。现场查获门徒会会旗、材料若干，当地门徒会骨干分子、组织者 64 岁的退休干部张某被依法行政拘留。据张某交代，他工作时是某事业单位工会的干部，退休后老伴去世，一个人在家，看到别的老人家庭和和美美，心里时常感到对生活的失落和对未来的恐惧。两年前被门徒会以“升天国”为由蛊惑加入该组织，入会后为积累福德，多次进行“劝教、传福音”活动，并组织本社区的信徒在家进行聚会。

【警官析案】

空巢老人信仰邪教，最主要的原因就是精神空虚。空巢老人由于生活中子女、孙辈或者其他亲人都不在身边，一方面从原来多年形成的紧张有规律的生活，转入松散的无规律的生活状态，短时间很难适应；另一方面交际圈较小，缺乏娱乐和沟通的渠道，如果生活中再没有自己的兴趣爱好，就会在感情上和心理上失去支柱，感到寂寞和孤独，容易被邪教乘虚而入。

对死亡的恐惧和对“天国”的向往是许多老人加入邪教的重要原因，究其根源是现实生活中缺乏坚定的信仰。我国的封建社会有几千年，新中国成立才六十多年，封建迷信思想的余毒很难彻底根除，特别是老年人，因为接受迷信思想的时间较长，在他们内心深处，对很多迷信思想依然深信不疑。有的老人由于社会角色的转变和生活环境的变化，信仰发生了改变；有的老人尚没有树立正确的世界观、人生观和方法论。当老人遇到各种不幸、偶然事件或者变故时，无法找到合理的解释，便相信这是一种“命中注定”，是命运的安排，从而选择顺从“命运”。

“全能神”教打着基督教旗号，散布所谓“话在肉身显现”、“东方发出的闪电”、“全能神你真好”等歪理邪说非法传教，编造谣言：“‘全能神’统治的国度时代已来临，神以一个东方女性的形象第二次道成肉身降临中国，将对人类进行审判，‘世界末日就要来临’，只有信‘全能神’才能得救，凡不信和抵制的都将被‘闪电’击杀。”案例一中，空巢老人李某就是因为内心空虚被“全能神”教乘虚而入。

门徒会以季三保杜撰的《七步灵程》为基本教义，其核心内容是“世界末日来临”，与其他邪教同样宣扬“末日论”，拯救者是季三保，他可以让信徒吃上“赐福粮”。同时，门徒会公开煽动推翻政府，说“黑暗掌权，魔鬼撒旦为非作歹黑暗已深，白昼将近，要为‘执政’（指季三保）掌权竭力祷告，不获全胜决不收兵”。案例二中，门徒会就是利用“末日轮”、“升天国”为由诱导张某加入邪教组织的。

【警官支招】

人是生活在群体中的生物，需要人与人之间的相互交流，脱离了群体很难独立地生活下去。辛勤了大半辈子的空巢老人缺乏被关心，相对孤独，精神无所寄托，才会被不法分子盯上，投其所缺，看似雪中送炭，实则那是“披着羊皮的狼”，将老人的精神世界引入唯心主义，致使老人被蒙蔽后做错事。

（1）老人在生活中，可以从自己喜欢或者不得不做的事情来培养兴趣爱好，如看京剧等传统戏曲、钓鱼、种花养草、外出旅游、饲养宠物、跳舞、打牌、学太极拳或者参加老年人的各种活动、收拾房间等来激发或培养自己的兴趣。

（2）被人需要，是人的基本需求。老人在生活中要发挥自己的长处，从事一些公益活动，做一些力所能及的工作，如参加本社区的治安巡逻、从事自己所感兴趣或者擅长的工作。

（3）结交知音，包括青少年朋友、异性朋友，经常谈心。老人难免会遇到一些不愉快的事情，在好友中宣泄郁闷，互相安慰，有助于心情舒畅，对保持心理平衡至关重要。

面对死亡和未知，老人要克服恐惧的心理影响，树立正确的世界观、人生观和价值观。老人可以通过参观红色主题的博物馆、展览馆重新回忆、树立自己的马克思主义世界观；可以通过对家庭、旅游等对未来的规划，克服或者转移对死亡的恐惧。老人要学会正确对待死亡，明白世界上万事万物都有兴衰的过程，人也不例外。老人当遇到邪教鼓吹宣传时，要坚决不相信邪教的鬼话，更不要帮着邪教去传播。如果自己的亲戚朋友、邻里上下、同事之间有人信了邪教，要热心劝阻。

2. 对邪教认知能力差加入邪教的案件

【警官举案】

案例一：某年底，一个偶然的机会，退休的刘老太在公园晨练时碰上了修炼大法的李姓老人，据李姓老人介绍，大法能够强身健体、祛病除灾，而且能修未来，死后可以上天国，信以为真的刘老太加入了练功行列。从此以后，刘老太每天练功3次，早、中、晚从不间断，逐渐变得魂不守舍、神魂颠倒，天天喊着要把全部身心和财产献给教主，追随教主。某日早晨，刘老太呼喊着“教主、教主”跳楼自杀。

案例二：赵老头最近成了小区开玩笑的对象，“赵爷爷，今天的太阳照常升起了”，“老赵，末日啥时候来?”“赵大爷，世界末日不会来了，您老不用等了”……老赵是某企业的退休职工，一次出去遛弯，路上碰见人发传单，仔细一看，上面说本月的最后一天将会是世界末日，到时候地球上的所有生物都会消失，只有信奉某教，某教的神会把他带走，免除末日的灾难，并将生活中发生的现象统统归结为“神”的意思表示。老赵看完后深信不疑，于是天天参加某教活动，向身边人说“末日”到了，自己会永生，其他什么也不干。然而“末日”的那一天什么也没发生，一切平静如往昔，老赵身边的每个人依旧过着与以往一样的生活，老赵紧张的心到临睡前也放不下。直到看到第二天的太阳，老赵才发现，原来自己被骗了，某教的世界末日根本就是子虚乌有，骗人的。

【警官析案】

邪教在传播的时候，通常用“气功”为幌子，以修身养性、强身健体等方式接近老人。而老人在退休后，比较关注身体健康，对各种形式的保健活动或者相关信息尤其感兴趣，也愿意尝试各种各样的健身方式，这就为邪教的入侵打开了缺口。

邪教带有很强的欺骗性，老人不容易识别，如“法论大法”就盗用了佛教、道教等合法宗教的教义，用“法论”、“经文”等欺骗老人。同时老人自恃拥有丰富的阅历、通达人情世故，但是过于相信自己，而且容易受到从众心理的影响，乐于推荐或者接受其他人对于身体健康、家庭平安等方面的建议，如果周围的环境有谁练习了某种功法，且声称受益匪浅，很多老人都会踊跃尝试，从而深陷其中。案例一中刘姓老人就是被练功所迷惑从而深陷其中不能自拔。

老年人受文化知识的限制，认识各类问题的能力较差，遇到一些逆境、儿女不孝等各种问题时，他们的幸福感就会降低，他们会认为人的一生是被一种超自然的力量早已设定好的结局，自己之所以人生不幸福、多灾多难，就是因为这股“神力”的作用。在这样的心理状态下，如果他们遇到这些邪教组织的蛊惑，最容易上当受骗，从而“自觉”地相信了那种荒诞的说法。案例二的赵姓老人就是由于不能辨识谎言而被邪教蛊惑。

【警官支招】

老人知识有限，加上接受新事物较慢，与年轻人沟通较少，对许多现象解释不清、想不明白时就会轻信或者误信骗子说的话。所以当老人遇到疑惑时，应该及时与子女或者亲友打电话沟通，防止被骗。对那些到小区或者广场进行练功说教的人要提高警惕，切忌盲从。老人要学会正确对待人生坎坷，增强追求美好生命的勇气和信心，当有困难或不顺心的事情，可以向单位组织、亲朋好友以及政府寻求帮助。

老人切忌自恃经验丰富轻信邪教而不听亲友劝告，很多邪教专门针对老年人设计出一整套老年人关心的所谓养生理论、来生理论、家庭祈福等理论，引诱、欺骗老年人加入其中，而老人一旦加入邪教，就很难脱身。老人见到邪教在骗人、非法聚会、搞破坏活动时，要立刻向公安机关报告。

3. 卫生医疗条件相对不足、治疗费用高昂，为治病加入邪教的案件

【警官举案】

案例一：张某，女，退休在家，职业会计，中专文化，平常体弱多病，曾做过胃切除手术，需要服用十余种药物进行治疗，但是治疗效果并不明显，只能勉强维持。某年3月，经人介绍练某功，据说可以健身祛病，逐渐好转不用再吃药，张某开始每天花大量时间阅读某功的书籍，非常投入。练功几个月后，“看见”太阳中有“法轮”飞到自己家。张某突然开悟，认为病痛是“消业”还债，是练功的必然过程，不然就修不到高层次，于是把所有的药都停了。某日，突然晕厥，被人送到医院后再也没有苏醒。在她死前，嘴里还在嘀咕，她就要升天了，教主会在天国等她。

案例二：某年1月，65岁的某省电厂的退休工人赵某感觉右脚颤抖，一个月后左手轻微颤抖，经市人民医院确诊为帕金森综合征，需要长期服用药物治疗和专人服侍，其家庭经济负担较重。某日，同小区的李某来赵某家看望赵某，说：“只要你信‘三赎基督’，每天坚持祷告，不用吃药打针病自然就会好，还能躲避大灾大难，得到更多的‘福报’；‘三赎基督’是神所立的基督，是神的儿子，曾经32天不吃饭，治好过瞎子、瘫子，能让死人复活……”为减轻家庭经济负担，赵某加入了三赎基督，坚持每顿吃饭前和晚上睡觉前祷告。几天后发现身体略有好转，于是开始死心塌地跟随“三赎基督”，在家里还设立了神位。但是几个月后，发现病情逐渐转重，不但手脚麻痹还全身震颤且精神焦虑，后被家人送到医院抢救。

【警官析案】

随着生活的操劳、年龄的增长、免疫力的下降，大多数老年人身体状况越来越差，各种各样的疾病开始逐渐侵蚀他们的健康，加上高昂的医药费用，使之在被病痛折磨的时候对生活失去信心。同时，由于环境污染等客观原因，现代医学的发展速度明显跟不上人们对健康的需求，旧的癌症、艾滋病等疑难杂症还没攻克，新的甲流、禽流感又不时暴发，给老年人带来了极大的恐惧。在这种条件下，很多空巢老人都是因为疾病而痛苦不已，在求医无效的情况下加入邪教，坠入深渊不能自拔。案例一中的张老太就是因为现实医疗条件不足信仰邪教而失去了生命。

由于受传统观念的影响，老人在经济上一般都比较节省。老人疾病较多，但多数情况下都持着能省就省的态度，能不看病就不看，买药时也是尽量省，加之有些小区医疗设施配备不全，老年人嫌麻烦就给了邪教分子钻空子的机会。案例二中赵姓老人就是为减轻家庭负担而轻信了邪教分子的宣传。

【警官支招】

在预防方面，老人在家应该多关注一些养老保健节目，利用小偏方、小窍门治疗一些小疾病，增强身体抵抗力，日常的医疗保健，应当尽量利用科学保健方法，如饮食、针灸、按摩、推拿、理疗等，在思想上树立“练功、信仰”不能治病的原则。同时，多参加正规医疗机构的免费体检，了解身体状况，防止上当受骗。

在治疗方面，老年人一定要参加社会医疗保险、大病统筹保险，或者新农合等医疗保险制度，一方面降低治疗的费用，减轻家庭负担；另一方面也能得到及时的医治，以免错过最佳治疗时间。在治疗经济负担较重的情况下，老人可以通过工会、街道办等向媒体、社会组织、慈善机构进行求助，既可获得经济和人力资源上的帮助，也可以减轻家庭的压力。

老年生活的基本特征是人生重大内容的陆续改变，其中包括身心健康、社会角色和价值观的转变，这种转变过程影响了老人对社会、对生活的正常心态和认知程度，造成老人在心理和生活上一定程度地迷失，导致老人深陷邪教的泥潭而不能自拔。所以，空巢老人对邪教的预防应该围绕身体健康、思想安全、信仰坚定这条主线，着重从以下方面入手：

（1）科学锻炼身体，培养健康生活习惯。身体健康是老年人关注的首要问题，空巢老人要预防邪教侵袭，一是要定期参加太极拳、木兰扇等健身活动，耐心听取科学锻炼的相关知识，亲身感受科学锻炼带来的益处并长期坚持，堵塞各种“神功”的传播渠道；二是通过学习科学的知识和客观的事实系统了解气功、心理暗示和情绪变化对身体健康的影响，真正了解“练功”治病的真实原因，削弱邪教强加的“主意识”，自己在对照中有所领悟，继而从源头上进行预防。

（2）保护思想安全，树立正确价值观。受客观因素影响，不安全感和孤独感常导致老年人精神空虚，而在邪教群体中得到认同和肯定，找到归宿感，是老年人痴迷邪教的重要原因。空巢老人要从思想上预防邪教侵袭：一是老年人要多参加有益健康的运动、健康知识讲座、卫生保健和心理辅导等多方面的社会活动，让自己有所学、有所乐；二是认知补充，空巢老人可以通过学习传统文化知识和正统宗教知识，调整知识结构，熟悉礼仪道德，解析人伦道理，树立正确的价值观，保护自己的思想安全。

（3）政府、社区、基层民警等主体要加强反邪教宣传和科普知识教育，及时将正确的世界观、人生观、价值观知识资料印发传播到容易受骗的群众手中，以防他们误入歧途；要做好对有不幸遭遇群众的思想工作，要多关心这些群众的生活困难，多给他们以经济和思想帮助，多给他们以心理关怀，让他们相信唯有党和政府才是他们最可信赖的贴心人；要通过加大对邪教组织的打击力度，发现一批及时处理一批，公开一批，及时告知群众邪教给不幸的家庭带来的重大危害，做到家喻户晓，让那些歪理邪说无立足之地，无传播土壤，无可乘之机。